区块链精学丛书

轻松读懂区块链

杜经农　杜江天　编著

人民邮电出版社
北　京

图书在版编目（CIP）数据

轻松读懂区块链 / 杜经农，杜江天编著. -- 北京 ：
人民邮电出版社，2019.10
ISBN 978-7-115-51658-9

Ⅰ. ①轻… Ⅱ. ①杜… ②杜… Ⅲ. ①电子商务－支付方式－通俗读物 Ⅳ. ①F713.361.3-49

中国版本图书馆CIP数据核字(2019)第142915号

◆ 编　　著　杜经农　杜江天
　责任编辑　李　莎
　责任印制　马振武

◆ 人民邮电出版社出版发行　　北京市丰台区成寿寺路 11 号
　邮编　100164　　电子邮件　315@ptpress.com.cn
　网址　http://www.ptpress.com.cn
　三河市祥达印刷包装有限公司印刷

◆ 开本：880×1230　1/32
　印张：8.875
　字数：130 千字　　　　　2019 年 10 月第 1 版
　印数：1－2 500 册　　　　2019 年 10 月河北第 1 次印刷

定价：49.00 元

读者服务热线：(010)81055410　印装质量热线：(010)81055316
反盗版热线：(010)81055315
广告经营许可证：京东工商广登字 20170147 号

内容提要

区块链技术是一种去中心化的分布式计算技术，它正在蓬勃发展，将成为互联网的重要支撑技术，并改变互联网的运行方式。本书使用生动形象的语言，深入浅出地介绍了区块链的基本原理、关键技术和发展趋势，并对区块链技术在世界范围内各行业的实际应用进行了探讨和展望。其中，第1章至第4章主要介绍了区块链的起源和基础知识，第5章至第12章主要介绍了比特币的基本原理、运行方式和技术发展，第13章至第16章主要介绍了以太坊、EOS、超级账本等其他区块链技术，第17章至第18章主要讲述了区块链的行业应用以及区块链对社会的影响。附录A至附录C详细讲解了比特币的相关数据结构和算法。

本书采用大量易于理解的生活实例作为类比，并通过生动形象的图解方式，将复杂的概念简单化，循序渐进地引导初学者轻松掌握区块链的基本原理。因而，本书可作为学习区块链技术的入门书。

前言 FOREWORD

当前，随着比特币的知名度不断攀升，其底层技术——区块链技术也经常出现在大众的视野。区块链作为一种去中心化的分布式计算技术，将在互联网发展中占据重要地位，很可能从根本上改变互联网的运行模式，其重要性不言而喻。在国家层面，很多国家都非常重视区块链技术的研究与开发。德国、美国、日本、俄罗斯、新加坡等国家高度关注区块链技术及其产业发展，不断加大研究和支持力度。我国也出台了区块链相关技术标准，并在《“十三五”国家信息化规划》中明确提出需加强区块链等新技术的基础研发和前沿布局。

对于大众来说，区块链仍然是一个神秘的名词，由于其技术具有一定的复杂性，技术专家们也很难向大众解释清楚到底什么是区块链。在互联网上，有些人试图用通俗的比喻来解释区块链，其中一个比较浪漫的解释是这样的：某年某月某日，你的男友对你说“我爱你一生一世”，这句话被自动发给你的闺蜜、爸妈、邻居、朋友等，并且他们也都记录了下来，你的男友再也无法否认。他们分别以区块的形式（区块链上保存信息的形式）记录这句话，而记录这句话的各个区块形成了一条链，这就是区块链。这个解释确实很浪漫、很吸引眼球，但它的缺点和优点一样明显——虽然通俗易懂，但并没有揭示出区块链在设计上的精妙。大部分人看后的第一反应是，原来这就是区块链，好像也没什么了不起的，不就是大家一起记个账嘛！

区块链本质上确实是一种公共记账的技术，但是和上文这个浪漫的解释有所不同的是，参与记账的人不一定是可信任的亲朋好友，反而大部分是陌生人，甚至还会有一些心怀不轨的人，比如说你的情敌，或者更糟糕的如小偷、诈骗者等，很难保证这些人会规规矩矩地记下你的原话。那么，在没有一个权威管理者的情况下，怎么保证大家最终的记账结果忠于事实，并且“不易篡改”“不易伪造”“不易抵赖”呢？区块链的巧妙之处，就是利用密码技术在一个不可信任的环境中，创造出一个可信任的记账体系。以著名的区块链技术成果——比特币为例，其十年来运行的结果表明：虽然无人管理，且被众多黑客攻击并受到种种限制，但其全球体系还是保持稳定运行，这不得不说是一个了不起的成就。正因如此，区块链也得到广泛重视。它不仅仅可以承载数字资产，也可用于需要建立信用的人类活动，例如产权登记、资格认证、文化娱乐、供应链管理等。未来，这些活动将很可能不再需要中介或者管理机构进行信用保障，而是运行在区块链上，使陌生人之间直接建立信用关系。

区块链非常精妙，并且涉及密码学、数学、对等网络等知识，比较难以理解。如果只是用通俗的比喻来解释它，大众可能根本无法认识到它的技术优势和发展潜力；如果用艰深的专业论文来描述它，大众又可能根本就看不懂。因此，本书致力于用通俗易懂的语言来阐明区块链的技术原理，并对其未来在生活中的应用做一些介绍。本书力争达到以下目标。

- 趣味性。本书力争写得通俗、有趣，使人们能够轻松阅读，且不会被枯燥难懂的术语弄得晕头转向。

- 科学性。本书说清讲透区块链的技术原理，使人们对区块链的底层技术有一个清楚明晰的认识，而不是通过一些似是而非的比喻来描述问题，让人们看得似懂非懂。

- 前瞻性。除比特币的核心技术外，本书还讨论了其他一些正在发展中的区块链技术，对各类区块链技术的发展及其未来如何改变我们的生活，进行探讨和展望。

本书由杜经农、杜江天合作编写，其中杜江天编写了比特币UTXO数据结构、区块链共识机制、以太坊智能合约，以及附录A至附录C等内容，杜经农编写了其余章节内容。

编　者

目录 CONTENTS

第17章 · 一展身手：区块链的行业应用

第18章 · 走向未来：思考与展望

附录

第1章

呼之欲出：神秘组织的诞生

1992年，一个对普通人来说非常神秘的组织“密码朋克”在美国悄悄成立。当时谁也不会想到，从这么一个小众且神秘的组织中，后来会走出许多对互联网乃至人类社会影响巨大的赫赫有名的人物，其中就包括区块链之父中本聪（见图1.1）。

图1.1 | 什么是密码朋克

1.1 三大高手创建密码朋克

1992年，住在加州旧金山的英特尔公司高级科学家蒂姆西·梅（Timothy C. May，通常昵称Tim May）在家中招待了两位朋友，一位是数学家兼程序员埃里克·休斯（Eric Hughes），另一位是约翰·吉摩尔（John Gilmore）。这三人都是高智商的IT技术专家，都反对大型信息集团对个人信息的掌控，主张在电子时代的开放社会中，通过密码学来保障个人隐私。三人谈得非常投机，于是决定由蒂姆西·梅牵头成立一个小型组织，商议大家一个月见一次面，讨论相关问题。

此后，计算机专家兼作家朱迪·米尔洪（Jude Milhon）加入这个小组，她是一个充满活力的、幽默的女人。加入这个小组之后，她充分发挥想象力，“生造”了一个单词“密码朋克”（cypherpunk），送给这个小组当作名字。Cypherpunk这个单词由密码（cipher）和数字朋克（cyberpunk）结合而成。这个单词既体现了专家们的密码学背景，又体现了朋克文化的个性与自由，于是原组织成员就“笑纳”了这份见面礼（见图1.2）。

图1.2｜密码朋克的成立

“密码朋克”创建了一个邮件列表，用来讨论各类话题，主要包括数学、加密技术、计算机技术、政治和哲学等。比特币和区块链技术就诞生于这个组织。“密码朋克”在随后几年中快速发展起来，目前已达到了1400多人的规模。1993年，埃里克·休斯写了一本书，叫《密码朋克宣言》，其中一段话为比特币系统的出现埋下了伏笔：“我们致力于建立匿名系统。我们用密码学、匿名邮件转发系统、数字签名和‘数字货币’来捍卫我们的隐私。我们也编写代码。因为我们知道必须有人编写软件来保护隐私。我们发布我们的代码，以便我们的同人可以练习并使用它。全世界所有人都可免费使用我们的代码。

“密码朋克”中涌现出了许多IT精英，比如万维网之父蒂姆·伯纳斯·李（Tim Berners-Lee）、BT下载的创始人布拉姆·科恩（Bram Cohen）、Facebook的创始人之一肖恩·帕克（Sean Parker）、维基解密的创始人朱利安·保罗·阿桑奇（Julian Paul Assange）、提出智能合约概念的尼克·萨博（Nick Szabo）等（见图1.3）。这些信息学界的大咖们发明了很多开创性的东西，比如优良保密协议（Pretty Good Privacy，PGP）邮件加密系统、对等网络（Peer to Peer，P2P）、RSA129加密的破解算法等。但是，却有一件事情让他们屡遭失败，这就是“数字货币”系统。

在基于区块链技术的比特币系统出现之前，密码朋克的成员讨论、发明过失败的“数字货币”和支付系统多达数十个。蒂姆西·梅曾经提出过不可追踪的“数字货币”——加密信用（Crypto Credits），用于奖励那些致力于保护公民隐私的技术专家们。大卫·乔姆（David Chaum）提出过注重隐私安全的密码学网络支付系统，即后来的Ecash（当时某种“虚拟货币”的名称），当时引起了很大的反响，包括微软、维萨等公司都要收购 Ecash。此后，亚当·拜克（Adam Back）在1997年发明了哈希现金（Hashcash）算法机制。1998年，另一名密码朋克戴伟（Wei Dai）提出了匿名的、分布式的“数字货币”系统B-money，这被认为是比特币系统的雏形。随后，尼克·萨博也提出了Bitgold的“数字货币”设想，但由于他找不到愿意帮他写代码的人，Bitgold系统最终也没有诞生。总之，这些“数字货币”系统由于各种各样的原因，都没有成功发展起来。图1.4所示为电子货币系统及相关技术的发展历程。

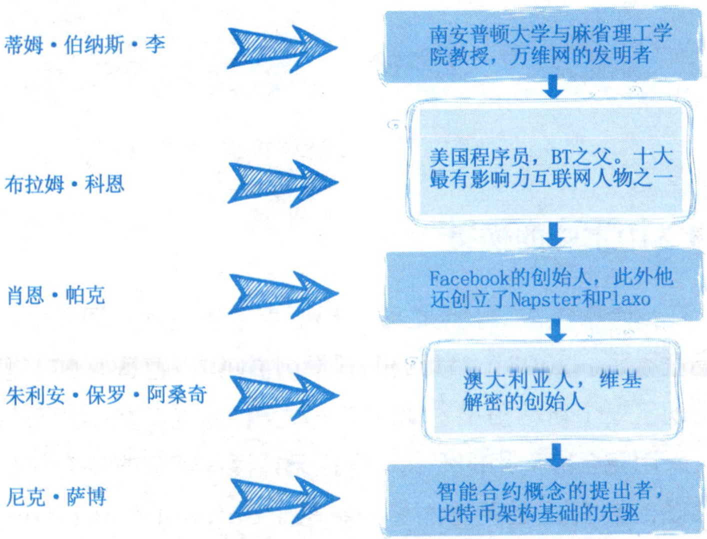

图1.3 | 密码朋克里的IT精英

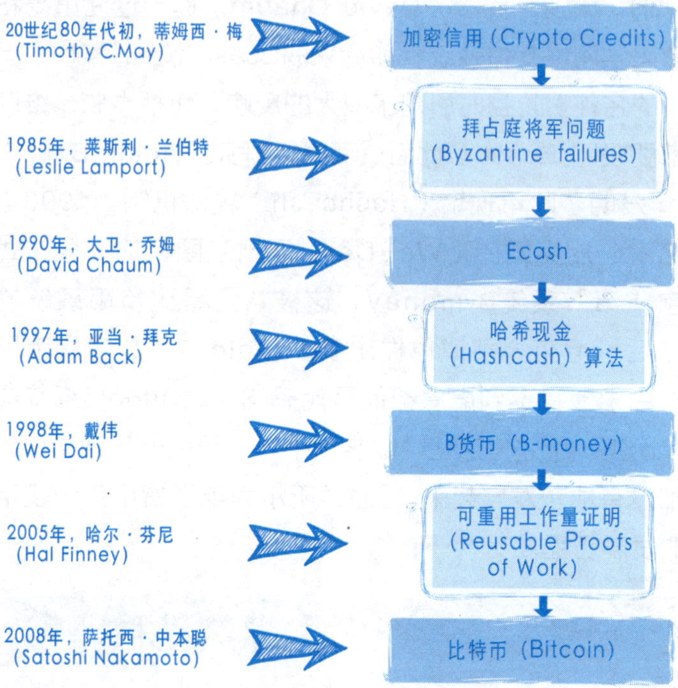

图1.4 | “数字货币”系统及相关技术的发展历程

1.2 中本聪的逆袭

在数十次失败后，当时在密码朋克中还默默无闻的中本聪闪亮登场了。2008年11月1日，秘密讨论群“密码学邮件组”里出现了一个新帖子：“我正在开发一种新的‘数字货币’系统，采用完全点对点的形式，而且无须授信第三方的介入。”该帖子的署名正是萨托西·中本聪（Satoshi Nakamoto）（见图1.5）。密码朋克圈内一开始对中本聪嗤之以鼻：这么多专家研究了几十个系统都没有做到的事情，你一个无名小辈能成功吗？中本聪倒是挺有底气，细致入微地对所有疑问一一进行了解答。他综合了前人的成就，创造性地融合了P2P技术、非对称加密技术和工作量证明算法，最终创造了一种去中心化的、无须中介机构的“数字货币”系统：比特币（Bitcoin）系统，并通过论文《比特币：一种点对点的电子现金系统》完整地阐述了他的思想。

图1.5 | 密码学邮件组

中本聪是一个神秘的人物（见图1.6），在任何情况下，他都未暴露过自己的真实姓名、住址、职业，他使用洋葱路由器上网，所以其他人无法追踪到他的IP地址，他使用优良保密协议邮件加密系统来发邮件，在注册比特币网站时，他也没有使用真实姓名。他从未在现实生活中和其他密码朋克见过面。他像一个古代的大侠，神龙见首不见尾，在2009年开发出比特币系统并成功运行后，他于2011年4月在网上发布了最后一项公开声明，宣称自己“已经开始专注于其他事情”，然后慢慢消失于网络，再也没有出现。

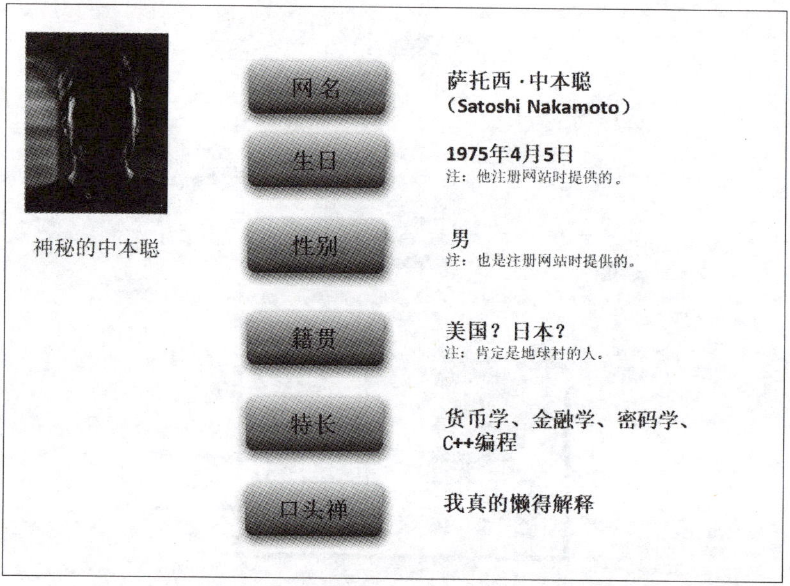

图1.6 | 中本聪画像

中本聪是一个天才人物，他做到了密码朋克中那么多精英人物没有做成的事情，他利用自己对金融及货币的深刻理解，再加上拥有密码学和软件开发的专业知识，成功创造了基于区块链技术的比特币系统。这个系统没有任何中心机构来管控，完全靠个人参与者在机器上运行程序，从而形成了一个全球化的网络，至今已经稳定运行10年，并产生了巨大的影响，很多国家、很多互联网公司都纷纷投入到区块链技术的研发与应用中，这可以说是互联网历史上的一个奇迹。

那么，到底什么是区块链？比特币系统是怎样运行的？对于这些问题，很多人都试图给普通读者进行讲解。但是，由于区块链具有一定的复杂性，要向普通读者解释清楚确实有一定的难度，如果讲得太专业，普通读者会被众多陌生的专业词汇弄糊涂；如果只是简单用生活中的实例作类比，又很难讲清技术原理。要正确理解区块链，必须先具备一些密码学和计算机的基础知识。中本聪自己也抱怨很难向普通读者描述比特币。但实际上，中本聪的论文写得非常简洁清晰，可以说是解释区块链的最佳范本。俗话说“解铃还须系铃人”。要真正理解区块链和比特币，还是应该从中本聪的原始论文中去找答案。因此，本书致力于以中本聪的论文为出发点，带领读者逐步了解区块链的本质，以及区块链是怎样改变未来的。对于其中的一些专业术语和密码学知识，本书将尽量用通俗易懂的、有趣的语言去解释，尽量保证读者能够轻松愉快地看懂区块链的基本技术原理，并清楚地了解比特币系统到底是怎样运行的。

说明：比特币是一种通过特定计算机程序计算出来的“虚拟货币”，它具有没有集中发行方、总量有限、使用不受地域限制和匿名性等主要特点。虽然比特币被称为“数字货币”，但由于其不是由货币当局发行，不具有法偿性与强制性等货币属性，因而不是真正意义上的货币。从性质上看，比特币是一种特定的虚拟商品，不具有与货币等同的法律地位，不能且不应作为货币在市场上流通使用。

第2章

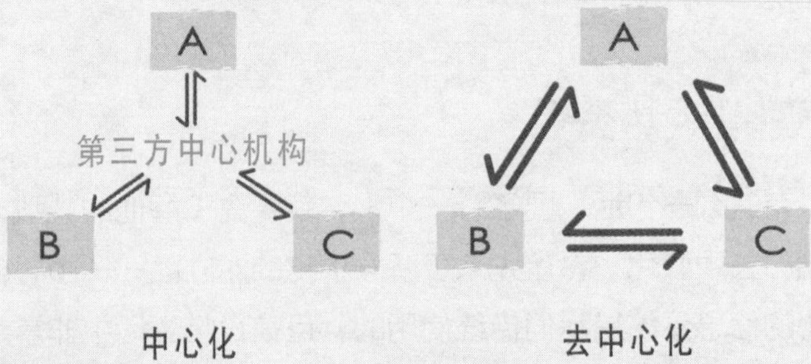

风云变幻：中心化与去中心化

如果你找一个IT专家，问他什么是区块链，他可能会不假思索地回答："区块链是一个运行在非信任环境中的分布式、去中心化的信息系统。"通常听到这个回答，一般人可能会不理解。那么，到底何谓分布式？什么又叫去中心化？为什么要追捧这样一个东西，它有什么优缺点呢？其实，中心化系统和去中心化系统各有特点，它们在应用中处于竞争状态。那么双雄逐鹿，谁能胜出呢？

2.1 中心化系统

有这么一句话，要了解一个人，就要先了解他的"敌人"。谈到"去中心化"，首先来了解一下它的对立面——中心化。中心化的信息系统是我们传统使用的，且在日常生活中非常熟悉的系统。当我们浏览一个新闻网站时，会看到许多不同的页面，这些页面都是从网站的Web服务器上获取的，由网站公司的人员制作并提供给我们看。因此，这是一个中心化系统，由专门的公司和专门的Web服务器提供服务，如图2.1所示。

当我们使用网上银行转账时，实际上是通过网络连接了银行的服务器，发送转账命令给服务器，然后服务器操作相关的数据库，把钱从你的账上转到另外一个人的账上。这就是一个中心化系统，银行和它的服务器是系统的中心，称为中心节点。

如果你平时玩网络游戏，你在游戏中可能会有虚拟资产，例如游戏币、游戏道具等，这些资产也都放在游戏服务器上，由游戏公司运维，因此，你拥有一些中心化的虚拟资产。

图2.1 | 中心化系统：Web服务器

中心化系统有很多好处，具体如下。

（1）中心化系统处于可信任的环境中。银行是符合法律要求的，有监管机构保障它按规范来运营。银行的服务器处在一个受保护的环境中，银行的工作人员会保障它不受到破坏，保障它的金融信息系统按规则运行。如果某个工作人员违规操作，会受到法律的惩罚，因此，你可以相信你的资金是安全的。这种信任可以称之为基于法律的信任。

（2）中心化系统运行方便且快速。你在某个银行做行内转账，实际上只是在银行服务器上修改了数据库的记录，把记录在你名下的资金减少，然后增加收款人的资金，操作非常快捷。

（3）中心化系统容错性很好。如果你存在银行的钱被坏人用恶意手段骗取转走，你可以通过银行体系把这些钱再转回来。如果银行的信息系统在开发时有某些问题，导致在运行中进行了错误的转账，那么银行技术人员也很容易修复错误，把你的账户还原。

中心化系统架构如图2.2所示。

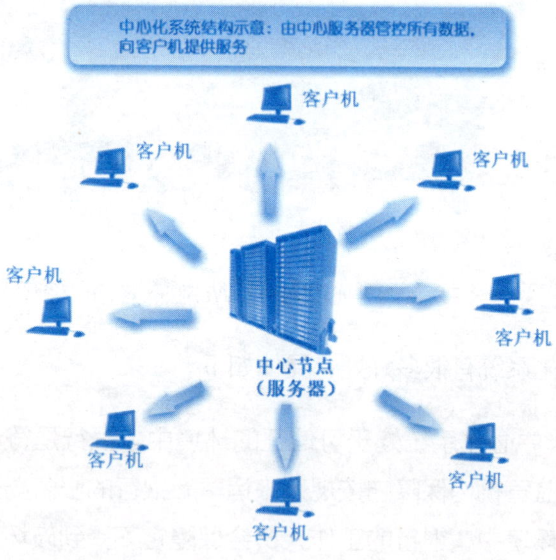

图2.2 | 中心化系统架构图

但是，中心化系统也存在一些问题，具体如下。

（1）中心节点自身的安全会影响你的利益。虽然银行的工作人员会保护银行服务器的安全，但是仍然可能会有黑客入侵银行系统，把你的钱盗走；或者虽然防住了黑客，但是银行的计算机因为火灾、地震等不可抗力损坏了，且同时所有的数据备份都损坏了，那么你的钱也就消失了。假如你喜欢玩网络游戏，并且花了很多钱在网络游戏里购买了虚拟资产，但是游戏公司由于经营不善倒闭了，那么这些虚拟资产将一文不值，于是你的钱就“打水漂”了。

（2）中心节点掌握了不对等的信息，影响到你的隐私和利益。我们现在已经习惯使用大型的电商网站购物、订餐、旅游，习惯使用导航软件出行，习惯使用即时通信软件进行社交。由于使用这些中心化系统，你的姓名、住址、年龄、爱好、经济情况、活动习惯、社交圈子等私人信息，会被中心节点获取并进行大数据分析。甚至可以说，这个世界上最了解你的人不是你的亲人，而是中心节点。如果这些信息泄露，就可能会被不法分子用来实施欺诈。即使没有泄露，中心节点也可能会利用你的个人信息牟利，你的隐私被侵犯，利益也将受到损害。实际上，过去曾经发生过多起大型IT公司泄露和滥用用户隐私数据的丑闻，这充分反映出中心节点可能存在滥用隐私信息的严重问题。

（3）中心节点掌握了不对等的权力，如果作恶，后果会很严重。这里用游戏经济学举个例子：某个武侠游戏中有个神奇的宝物——屠龙刀，价格是1万元/把，你花钱买了1把，以为从此可以笑傲江湖。没料到过了不久，游戏中出现大量屠龙刀，价格变成100元/把。因为游戏公司发现卖屠龙刀有利可图，于是动动手指，修改了游戏代码，增加了屠龙刀的数量，导致游戏中出现通货膨胀，使你的投资损失了99%。在现实世界中，也会出现类似的情况，一些国家就出现过恶性通货膨胀的问题。

中心化系统的优点与缺点对比如图2.3所示。

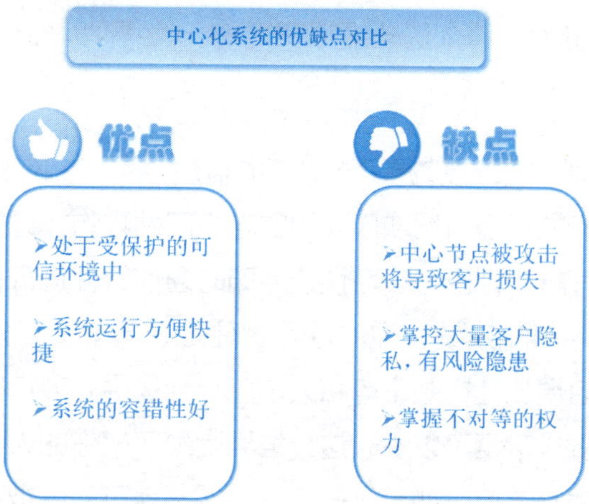

图2.3 | 中心化系统的优点与缺点对比

2.2 去中心化系统

中本聪是一个充满理想主义的密码朋克，他看到了中心化系统的一些缺点，于是致力于开发去中心化系统。在去中心化系统中，并不存在拥有特权的中心节点，每个网络节点拥有的信息和权力都是一样的，称其为对等节点。对等节点组成的网络称为对等网络，也叫P2P网络，如图2.4所示。对等网络上运行的信息系统叫作分布式系统，比特币系统所依托的区块链就是一个分布式的数据库系统。而比特币本身从技术上来说，可以看成是运行在这个区块链上的一个资产交易记录链。

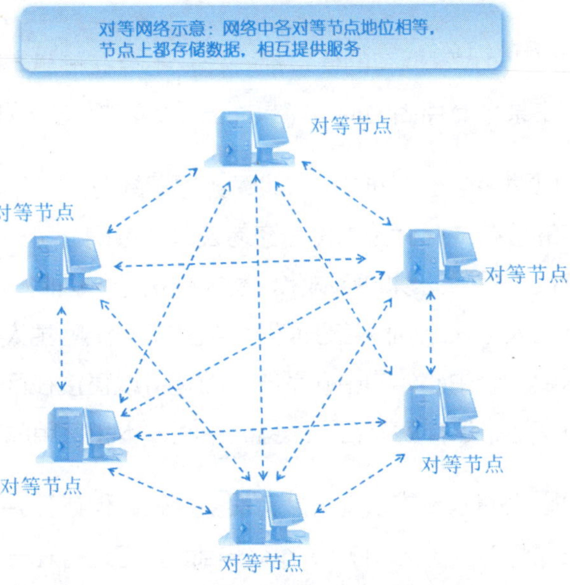

图2.4｜对等网络（去中心化系统）示意图

在中心化的银行系统中，银行的中心节点服务器享有特权，只有它才能够记账，每一次货币交易都作为一条记录记在银行系统的数据库中。而在比特币系统中，不存在一个记账中心，所有的计算机节点都是平等的，它们都参与记账，每当一个节点发生交易时，它会把交易数据向全网广播发送，全网的节点都会把这次交易记录下来。每一个节点（包括交易者的计算机）都存储所有记账的数据库，而且所有节点记录的数据库账本都是一模一样的。这样带来了以下好处。

（1）你再也不用担心你的资产会因中心节点损坏而消失，因为账本数据在整个区块链网络的计算机中都有留存。大家都可以证明你拥有这笔资产。

（2）因为大家拥有的信息都一样，不存在信息不对称，也就不会产生某个节点因为拥有特权而侵犯大家权益的问题。

（3）区块链通过加密技术保障数据不易篡改、不易伪造；通过账本的分布式存储技术保障交易公开、透明、可追溯；通过智能合约技术保障交易的自动化、智能化执行。因此，区块链解决了网络上人与人之间的信任问题。当你和一个陌生人交易时，你不再需要一个中心化的中介系统，而是可以直接在区块链上进行点对点交易，这样就节省了大量的中间成本和信用成本。

去中心化的分布式系统虽然有很多好处，但设计并运行这样的系统是很难的，因为和中心化系统相比，它运行在一个不可信任的环境中，要保持系统的一致性、完整性、安全性是非常困难的。往往中心化系统很容易做到的事，在去中心化系统中会非常困难。这个道理很简单，一个团体如果有一位领导，大家都信任他并服从他的命令，那么这个团体很容易开展活动；如果这个团体中没有领导，大家各干各的，甚至还有人恶意搞破坏，那么就会很难办成一件事。

中心化系统与去中心化系统的对比如图2.5所示。

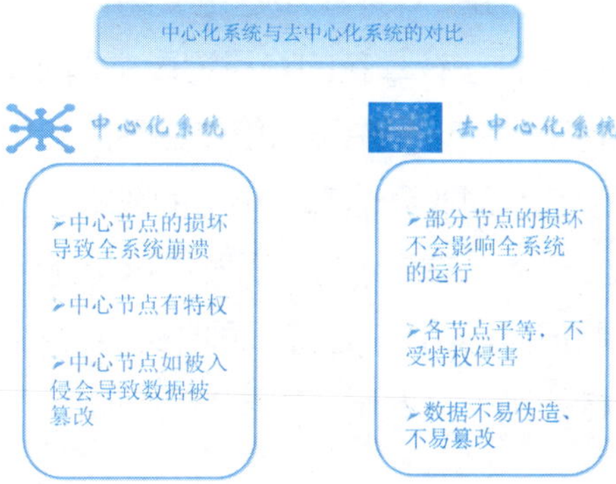

图2.5 | 中心化系统与去中心化系统的对比

那么，在去中心化的比特币系统中具体有哪些需要解决的问题呢？总结起来，主要有以下几点。

（1）去中心化系统中成千上万个节点都拥有记账和存储账本数据的权力，节点的加入和退出都是完全自由的，没有人来管控和认证，这样难免就会出现心怀不轨的破坏分子。那么怎样防止有人恶意篡改数据或者伪造账本呢？

（2）比特币系统的节点分布在全球各地，在网络中同时会产生成千上万个交易数据需要记账，各地的网络有快有慢，有时部分网络还有可能断线，要全网所有的节点保持所记录的交易账目都是一模一样的，即保持全网的一致性，也是非常困难的。

（3）双重支付防不胜防。通俗地讲，双重支付是指把一份资产使用两次，也称其为“双花”。例如地球村里有3位村民在进行商品交换，他们是二黑、翠花和小明。当前全网的区块链账本上都记录着二黑有1个比特币，他把这个币发送给了翠花，并向全网进行广播。于是，大家记下这笔交易，把二黑的比特币从他的账目记录中除去，在翠花的账目记录中增加1个比特币。现在二黑没有比特币了，但是由于网络传输不同步，二黑广播这次交易后小明并没有及时收到信息，小明的账本上仍然记录着二黑有1个比特币。于是，二黑又向小明发送这个比特币，用来交换某些物品。二黑把自己的1个比特币同时交换给2个人的行为就是双花攻击，这构成了交易欺诈，如图2.6所示。

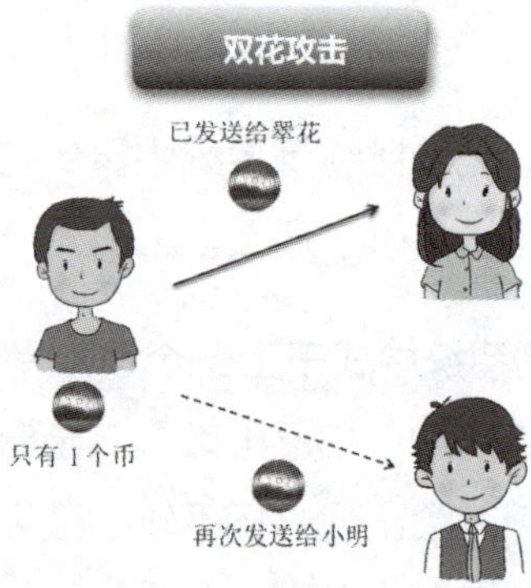

图2.6｜区块链中的“双花”攻击

看了上面这些问题，读者应该对实现区块链的难度有了一个基本了解。正是因为很难，所以在中本聪出现之前，密码朋克中的这么多IT精英，也是屡试屡败。但是，中本聪总结了前人的经验，并设计了一个非常巧妙的运行机制，成功解决了这些问题，使得比特币系统在无中心节点运维管理的情况下，稳定运行。中本聪到底设计了一个什么样的机制？地球村的小明又该怎样用它来解决二黑的“双花”呢？要搞懂这些问题，首先必须了解一些密码学的基础知识。

第3章

大道至简：有趣的哈希算法

地球村的小明为了了解怎么解决“双花”问题，准备学习一些密码学知识。这天小明待在家里学习。突然，传来了敲门声，如黄鹂般轻快悦耳的声音在门外响起：“小明哥，在家吗？”

这声音仿佛打开了小明身上一个神秘的开关，他无神的眼睛马上闪烁出热烈的光芒，快步走过去打开门：“翠花来了，快进来，请坐，请坐！”

“小明哥，我来请教你一件事，区块链，你应该懂吧？”“这个当然懂！”小明挺了挺胸，坐直了身体，好让自己显得更加睿智。

“不愧是名牌大学的高才生！”翠花瞪大杏仁般美丽的眼睛，崇拜地看着小明，“区块链技术这么热门，我也想学学这方面的知识，最近找到了中本聪的论文，可是一翻开就晕了。那么多奇怪的名词——哈希算法、哈希指针，真是看不下去。你能不能给我讲讲呢？”

“哈希算法，其实就和我们写文章摘要一样，就是把一大段复杂的信息缩减成简单数据的方法。”小明依稀还记得以前老师说的话。“那哈希算法到底是怎么算的呢？能不能给我详细讲讲？”翠花穷追不舍地问。

“肯定没问题！不过今天我有点忙，这样吧，下个周末我给你好好说一说。”为了表示胸有成竹，小明又使劲地点了几下头。“就这么定了。”

“那好，不打扰你了，下周不见不散！”翠花满怀希望地走了。

没想到翠花也在学习密码学知识，这下小明更有动力了，他快速冲向书房，翻出了一本厚厚的密码学书。看来这几天要恶补一下哈希算法的具体细节了。他心里盘算着：这几天哪儿也不去，就在家里学习吧。

3.1 哈希算法的基本原理

小明要读懂中本聪的论文，知道什么是区块链，首先需要掌握一些密码学的基础知识，因为整个比特币系统建立在数据加密的基础上，显然也只有这样，才能维持一个数字资产体系的安全。计算机密码学是以各类算法为基础的。所谓算法，是指为解决某个问题而设计的按一定规则执行的一系列指令。在计算机加密过程中，只有通过各类加密算法，才能把一段明文信息转换为加密信息。

对于区块链，包括其应用——比特币，哈希算法都是最常用的加密算法之一。“哈希”这个词听起来很奇怪，其实它源自英语，是“hash”这个单词的音译。哈希算法还有很多其他翻译名称，比如“散列算法”“杂凑算法”等。此前，在计算机类的文献中，“hash”常译作“散列”，但在区块链中，由于“哈希指针”“哈希树”“哈希表”等名词（见图3.1）已经约定俗成地成为固定称呼，因此本书中统一把“hash”译作“哈希”，以保持全书技术名词的一致性。

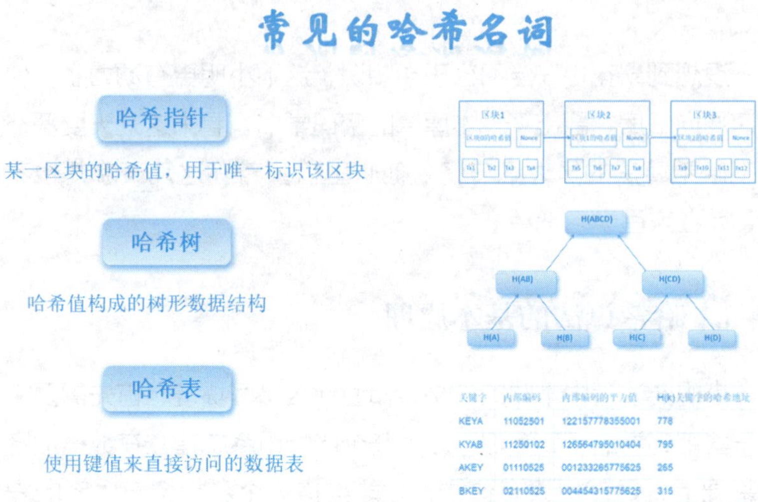

图3.1 | 常见的哈希名词示例

哈希算法是一种用于加密的数学运算，密码学界在哈希算法的基础上研发出了多种系列算法，例如，美国国家安全局设计的SHA系列算法。哈希算法也和我们的生活密切相关，当你去银行开一个账户时，你的取款密码实际上就是通过哈希算法进行了加密，你使用银行的U盾来存取款时，它里面的数据也是通过哈希算法处理过的，以保证数据的安全。既然哈希算法如此高明，大部分人可能会认为它非常枯燥复杂且难以理解。请不要担心，下面就用通俗的语言描述它的基本原理，即使你只知道简单的数学知识，也可以看懂。

哈希算法从本质上来说，是对一段信息的转换。打个比方，小明的单位开了个无比重要的大会，单位领导慷慨激昂地进行了

3个小时的主题发言，洋洋洒洒好几万字。会后为了进行宣传，头脑灵光的小明把领导讲话的内容进行了归纳总结和加工，缩减成200个字的“豆腐块”，发表在报纸上。那么可以近似认为，小明对领导的讲话进行了一次哈希计算（即通过哈希算法进行计算），把洋洋洒洒几万字转换成了“豆腐块”。当然，实际上的哈希计算比这更复杂一点，因为它不是把信息转换成文字，而是转换成一段数字，最终这段数字和领导发言之间建立一一对应的关系。所以，可以认为，哈希计算实际上就是对信息进行映射的一种方法，它通过专门的数学方法，对原信息进行加密计算，把原信息变成一段简洁的加密数据，这样原信息和加密数据之间就形成了对应关系。原信息称为明文，加密数据称为密文。

为了加深直观的认识，下面设计一种简单的哈希算法。假设小明要给翠花写一封情书，并且想用哈希算法对它进行加密。情书开头的几个字是“翠花你好，在这个阳光灿烂的日子”。小明设计了一个名叫QS的哈希算法对这句话进行加密，具体步骤如下。

（1）首先取每个字的笔画数，比如“翠”字为14画，“花”字为7画，其他字的笔画依次为7、6、6、7、3、6、6、7、9、8、4、3。对于逗号，我们规定它的取值为0。

（2）把所有的数字相加，得到93。

通过这个简单的哈希算法，小明把情书的第一句话加密成了数字93，93就称为哈希值，也就是QS（情书第一句话）=93。如果小明所有的情书都可以这样处理，倒是可以为他节省不少苦思冥想的时间。但实际上这是行不通的，因为即使小明把93这个数字发给翠花，翠花也不知道他是什么意思。即使翠花知道这个哈希算法的细节，她也无法把哈希值“93”还原成小明情书的第一句话。因为在进行哈希计算的过程中，已经丢失了很多信息。但是，反过来说，如果翠花知道这个哈希算法，并知道“翠花你好，在这个阳光灿烂的日子”这句话，她同样可以计算得出93。也就是说，可以验证小明这句话代表的数字是93，如图3.2所示。通过哈希算法，就可以编制一个密码表，把小明的每句话和对应的密文数字放在表中，就可以根据数字来查出小明的话。

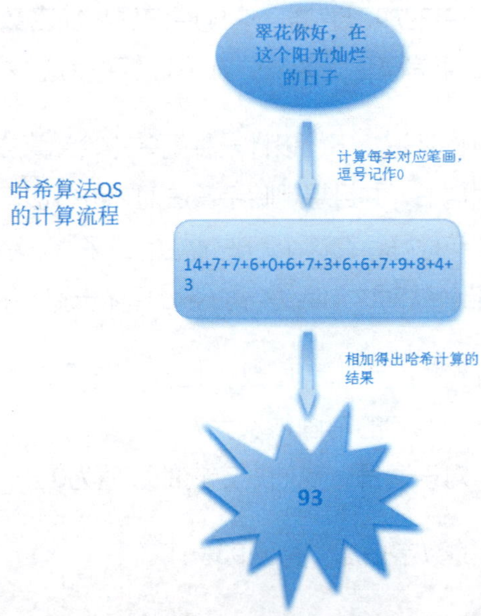

图3.2｜哈希算法的计算过程示例

说到这里，大家可能会发现一个问题，如果小明情书的其他句子加密后也是数字93，那怎么知道93到底代表哪句话？确实，这个哈希算法QS过于简单，导致有很大可能使得小明其他的话在加密后也是93。也就是说，不同的明文，加密后得到的密文一样。这个问题称为“哈希碰撞”，如图3.3所示。要设计一个合格的哈希算法，必须要使得这个算法产生哈希碰撞的可能性非常小，小到在实际应用中几乎不可能出现，这样明文和密文才能一一对应。比特币系统所使用的哈希算法称为SHA256算法，它是一个优秀的哈希算法，产生哈希碰撞的可能性极小，可以近似认为不会产生碰撞。当然，它的加密计算过程也是非常复杂的，是由美国国家安全局的数学专家设计的，比小明设计的QS算法要复杂很多，即使用计算机执行SHA256算法，也需要很长时间。实际上，在比特币系统中，当矿工用计算机进行比特币挖矿时，就是使用SHA256算法反复进行成千上万次的计算。

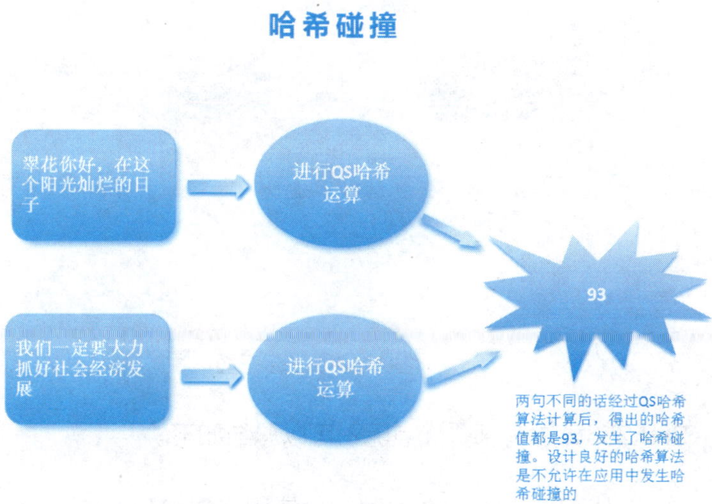

图3.3 | 哈希算法的计算和哈希碰撞

■ 3.2 美国国家安全局设计的密码武器——SHA256算法

在计算机技术中，存在很多种类的哈希算法，比如美国国家安全局提出的SHA系列算法、报文摘要算法、Ethash算法、RIPEMD160算法等，又比如我国提出的SM3算法等，如图3.4所示。比特币系统中使用了 SHA256算法，它的全称是安全哈希算法（Secure Hash Algorithm），它是SHA系列算法中的一个，其他的还有SHA1、SHA224、SHA384和SHA512等。

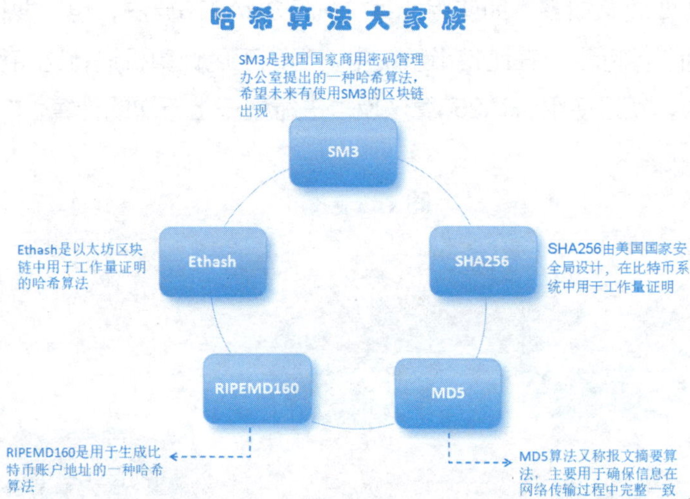

图3.4 | 各类哈希算法示意图

SHA256算法有哪些优点呢？可以总结如下。

（1）从密文很难反推出明文。使用了SHA256算法后，即使你知道算法的步骤，也看到了最终的加密计算结果，仍然很难知道原来的内容是什么。虽然不能完全否定反推的可能，但是至少根据目前人类所掌握的计算资源和算法，是不能反推明文的。

（2）SHA256算法抵抗“哈希碰撞”的能力很强，也就是说，想要找到两组不同的明文信息对应同样的密文，从计算理论上来说是非常困难的。在SHA256算法中，明文信息只要发生一点细微的变动，哪怕只是改变了一个字或一个标点，都会使最终的密文（哈希值）产生非常大的变化。因此，一段明文总是和它的哈希值一一对应，就像每个人都有不同的指纹，人和指纹一一对应。因此，形象地说，一段信息的哈希值就相当于这段信息的“指纹”。

（3）不论输入的明文信息有多长，最后生成的密文长度总是固定的，且是一个256位的二进制数值。为了使用方便，通常会表示成64位的十六进制数值，例如一个SHA256哈希数值可以是：6D768EEF6ECAD3C29A5A629280E686CF0C3F5D5A86AFF3CA12020C923ADC6C65。由于有这个优点，有时它会被用来压缩信息以节省存储空间。

因为SHA256算法有这些优点，它在信息科学中得到了非常广泛的应用。下面介绍它在加密信息、检验信息的一致性及压缩数据等多方面的应用。

（1）利用SHA256算法加密。因为SHA256算法是不可逆的，不能从密文反推出明文，所以它经常被用来加密重要信息，例如银行账户的密码。假设小明要开设一个银行账户，他在开户时设置了对应的密码。这个密码会存放在银行的数据库里，当他下一次存取款时，用来和他输入的密码进行比对，以确定身份。但是，如果密码以明文形式存放在数据库里，会带来极大的危险。假如二黑是银行的内部工作人员，他利用职权非法进入了数据库，知道了小明的密码，就可以取走小明的钱了。因此，为保安全，账户密码总是以密文形式存放的。小明设置的账户密码会通过SHA256算法进行加密，变成密文后存放在数据库里。下次他在银行窗口办理业务输入密码时，密码会先通过SHA256算法进行计算，再和数据库里的密文比对，如果一致，说明他的密码是正确的。经过这种加密处理，即使二黑进入了银行的密码数据库，仍然不知道小明的密码，如图3.5所示。

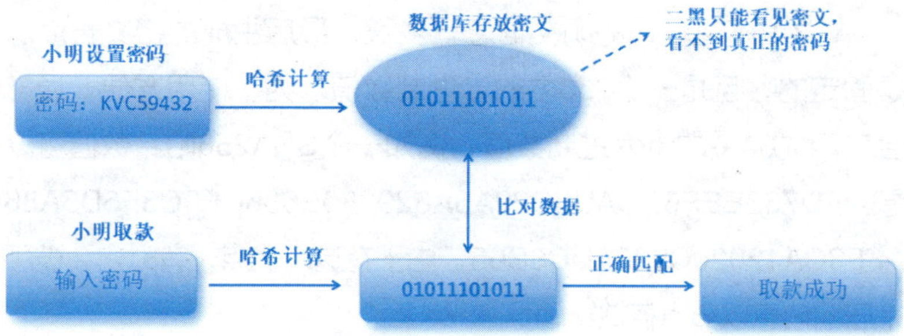

图3.5｜哈希算法用于加密存储

（2）检验信息的一致性。假设小明要在网上发情书给他的女朋友翠花，在网络传输中，有时可能因为数据传输故障导致发送的信息不完整，或者更糟糕的是，被小明的情敌二黑中途截获并恶意篡改，原本写的是“我爱你”，翠花收到的可能是“我恨你”，小明的幸福人生从此变得岌岌可危。所幸小明是天才，他很快想出一个好办法：在发送信息时，先使用SHA256算法对原始信息进行一次计算，得到这段信息的哈希值，然后把原始信息和对应的哈希值一起发送给翠花。翠花收到信息后，也使用SHA256算法对原始信息进行一次计算得到哈希值，然后和小明发送的哈希值进行比对，如果不一致，说明原始信息出现了问题，如图3.6所示。从此，小明的妈妈再也不担心他找不到女朋友了。

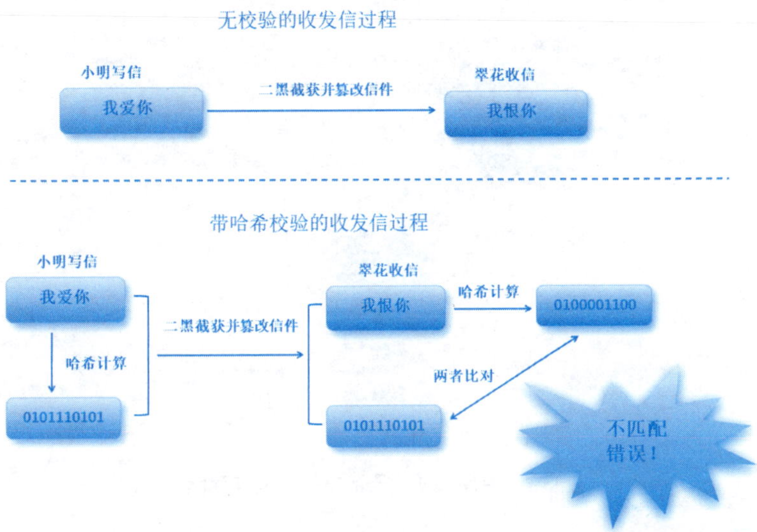

图3.6 | 哈希算法用于通信校验的过程

（3）压缩数据。翠花长得很漂亮，她很喜欢拍照，几年的时间就拍了几万张照片，小明的计算机已经存不下了，他必须把这些资料放到其他计算机中。但是，他很想在自己的计算机中保存一份完整的档案，以便查找。于是，他使用SHA256算法对每一张照片进行计算，得到它们的哈希值，这些哈希值的数据量远远小于对应照片的数据量。小明把照片的存放位置和照片的哈希值一一对应，编制成了一张表。这样，小明能在自己的计算机里存下这张表，并随时可以根据照片的哈希值在其他计算机上找到这张照片，如图3.7所示。即使年深日久，存储在其他计算机上的照片发生存储错误，或者被人恶意修改了，他也能通过哈希值及时发现。

照片名	哈希值	存放地址
照片 1	0100111010100010110	地址 1
照片 2	1110111010101110110	地址 2
照片 3	0111001110101000101	地址 3

图3.7 | 哈希算法用于数据的压缩与存储

SHA256算法是一个强大的加密算法，它在各方面保障了小明的幸福生活。但是二黑也不是吃素的，他很快就发现了一个漏洞。小明在网上给翠花发送情书的时候，二黑截获了情书和对应的哈希值。这次他不但篡改了情书，也使用SHA256算法对篡改后的情书进行计算，从而得到对应的哈希值。现在二黑把这份伪造的情书和对应的哈希值发送给翠花，翠花即使进行校验，也没法发现问题。天才小明这下也傻眼了。那这个问题要怎么解决呢？

第4章

火眼金睛：数字签名和非对称加密

由于二黑总是篡改小明写的情书，这让小明有些不知所措。这天，小明妈妈看到小明闷闷不乐地坐着，“你今天怎么了？难不成是吃了什么不消化的东西？”小明妈妈走过来，伸手在他的额头上摸了摸，“还好没发烧。”

“什么消不消化啊，莫名其妙。”小明推开妈妈的手，“别理我，烦着呢。”“哦？你烦什么啊？”小明妈妈上下打量着他问道。

“是这样的，我本来想给翠花写信讨论学习问题，没想到二黑假冒我的名义，乱改我写的信！”“哦，原来是这样啊！”小明妈妈露出一副恍然大悟的模样，意味深长地看着小明，“讨论学习当然是很重要的，可不能让二黑给破坏了。别着急，我有办法。”

“真的吗？这回你可得帮帮我。”小明一听说有办法，马上从椅子上蹦了起来。“你只要给自己的信加上数字签名就行了。”小明妈妈神秘地笑着，“有了数字签名，就相当于有了识别假冒者的火眼金睛，这次保准二黑要傻眼。”

“那你赶紧告诉我怎么搞数字签名吧！”小明拉着妈妈向书房走去……

4.1 身份认证的利器——数字签名

为了解决小明发情书的难题，小明妈妈想出了数字签名的办法。在密码学中，数字签名主要用于对某段文字或信息进行认证，确保它是由某人发出的。为了实现数字签名，密码学家设计了一种特殊的加密方法，叫作非对称加密。

在电子信息世界中，数字签名常用于身份认证。如果某人需要进行数字签名，他就要用到非对称加密算法的一对密钥，一个密钥是私人密钥k1，这个密钥由他秘密保存，这是唯一可以代表他身份的东西；另一个密钥是公共密钥k2，这个密钥由他向全网络发布，每个人都知道这是他的公共密钥。如果他要对某段信息进行数字签名，首先要对这段信息进行哈希计算，得到数据D，然后用k1对数据D加密，这就是数字签名。图4.1所示的就是增加数字签名的信息发送过程。

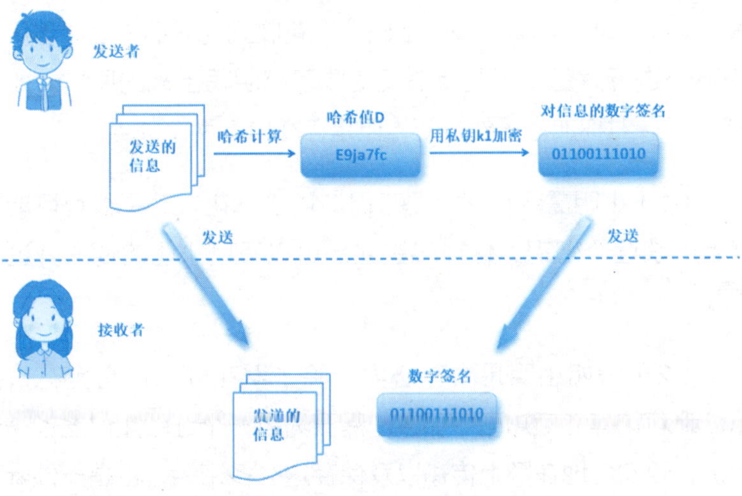

图4.1 | 信息发送过程中的数字签名

如果其他人要验证他的签名，则需要用他的公钥来解密这段信息，如果能够正常解密，则可以确认这段信息确实是他发出来的。为什么数字签名可以达到身份认证的效果呢？下面将通过解释非对称加密的含义以及数字签名与验证的过程，帮助读者进一步了解身份认证。

4.2 一把锁配两把钥匙——奇特的非对称加密

要进行数字签名，小明首先要学习一种新的加密方法，其为非对称加密。在通常的加密方法中，密钥只有一个，这个密钥既用来加密信息，也用来解密信息，这叫作对称加密。就好比一把锁有一把钥匙，既可以用这把钥匙把锁锁住，也可以用这把钥匙把锁打开。例如小明有一个密钥6666，他用这个密钥加密自己的情书，他的情书就和密钥6666混在一起进行了某种数学计算，变成一堆谁也看不懂的乱码。翠花收到乱码情书后，也用密钥6666进行解密，于是情书又变成了小明写出来的原文，如图4.2所示。对称加密虽然方便，但是存在以下两个缺点。

（1）小明需要在网上把密钥传输给翠花，二黑很有可能在网上截获这个密钥，这样二黑还是可以解密小明的情书并进行篡改。

（2）假如小明是个花心男，除了翠花外，还有金花、银花、茉莉花等红颜知己。那么他需要为每一个红颜知己准备一个密钥，要安全地在网上传输以及保存这么多密钥，也是一件麻烦的事情。

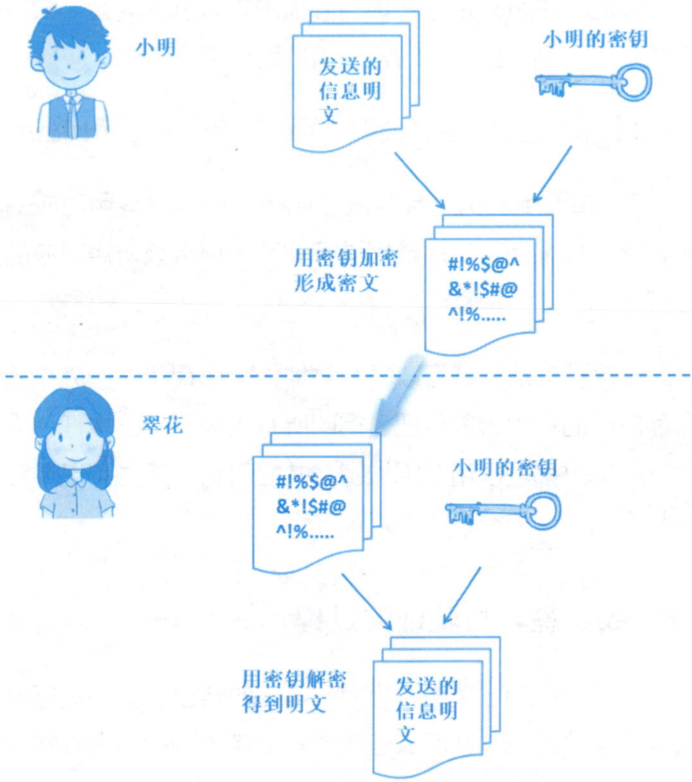

图4.2｜对称加密对信息进行加解密的过程

因此，密码学家们想出了更好的加密方法，也就是非对称加密。比特币系统所使用的加密算法，就是一种称为椭圆曲线加密算法（Elliptic Curve Cryptography，ECC）的非对称加密算法。这种非对称加密算法的特点在于，它不遵守一把钥匙开一把锁的“套路”，它有两把钥匙，即两个密钥，一个称为公钥，另一个称为私钥。公钥与私钥是一对，公钥可以向所有人公开，即使二黑知道了也没关系，私钥则必须由本人机密保管。公钥和私钥都是一串数字，且这一对公钥和私钥有如下特点。

（1）用私钥可以生成公钥，但从公钥无法推算出私钥。

（2）如果用公钥对数据进行加密，那么只有用对应的私钥才能解密；如果用私钥对数据进行加密，那么只有用对应的公钥才能解密。

通过这种办法，就可以很方便地管理密钥了。因为小明只需要保存自己的私钥，并且把公钥向所有人公开，这样任何人要向他发送信息时都可以用公钥加密，并且只有小明才可以用私钥解密这些信息。

4.3 数字签名与验证的过程

有了非对称加密算法，小明就可以对自己的情书进行数字签名后再发送给翠花，从而保证两点：翠花收到的情书确实是自己写的；情书在传输过程中没有被二黑篡改。小明写好情书后，先对情书进行哈希计算得到一个哈希值D，然后用自己的私钥加密情书，得到一个数字签名。小明需要把情书和数字签名一起发送给翠花。翠花收到情书后，要进行数字签名验证：用小明的公钥解密数字签名，得到哈希值D1，同时对情书本身做一次哈希计算，得到哈希值D2。如果D2和D1比较后相等，则说明情书确实是小明写的，因为只有用小明的私钥加密的信息，才能用小明的公钥正常解密，而小明的私钥只有他自己知道。同时也说明情书未被篡改，因为假如篡改了，对应的哈希值也会改变，那么D2

就不会等于D1，如图4.3所示。

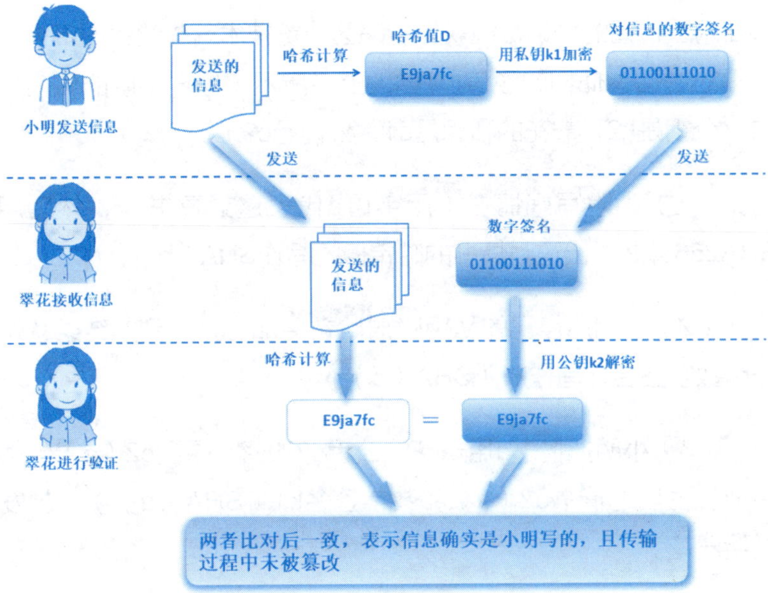

图4.3 | 数字签名与验证签名的过程

那么怎么保证保密性，即二黑即使截获情书也不知道里面是什么内容呢？很简单，因为翠花也有自己的公钥和私钥。小明在发送情书的时候，不发送情书明文，而是用翠花的公钥加密后再发送，这样翠花收到情书后，可以先用自己的私钥解密情书，再进行数字签名的验证。

■ 4.4 基于数字签名的加密通信

通过利用椭圆曲线加密算法进行加密和数字签名，并用哈希算法SHA256来辅助验证情书的完整性，小明和翠花终于可以在网上欢乐地写情书，且不用担心被伪造、篡改和偷看，也不用担心在网上传播的密钥被截获。看来区块链技术首先给他们带来了幸福的生活，他们的通信过程如图4.4所示（假设小明的私钥是k1，公钥是k2；翠花的私钥是c1，公钥是c2）。

（1）小明写好情书（用字母a代表这封情书），然后用SHA256算法求出这封情书的哈希值，写作SHA（a）。

（2）小明用自己的私钥k1对哈希值加密，得到的结果就是一个数字签名，写作k1（SHA（a））。

（3）小明把情书a用翠花的公钥c2加密，得到c2（a），然后把加密后的情书c2（a）和数字签名k1（SHA（a））一起发送给翠花。

（4）翠花收到加密情书c2（a）后，先用自己的私钥c1对它解密，得到了情书原文。

（5）为了保证情书确实是小明写的且未被篡改，翠花还需要验证情书的数字签名。翠花用小明的公钥k2解密数字签名k1（SHA（a）），得到SHA（a）。

（6）翠花用SHA256算法求出a的哈希值D，用这个值与SHA（a）比较，如果是一致的，则说明情书与小明当初发出的是一样的，传输过程中未出现任何错误。

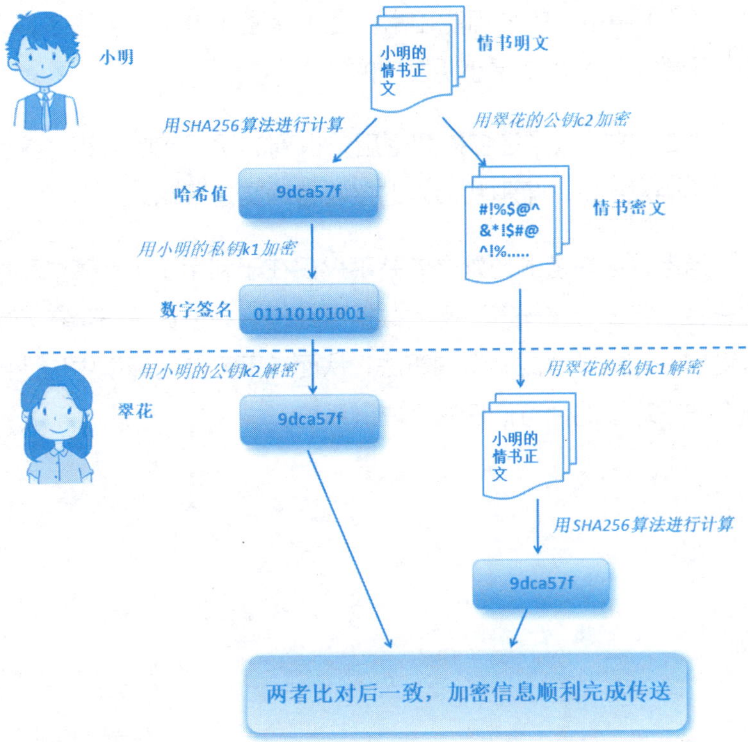

图4.4｜小明和翠花的加密通信全过程示意图

通过上面6个步骤，小明和翠花可以安全通信，即使是在一个公开的网络上，二黑可以随意观察他们的通信过程，但很难伪造和篡改他们的情书。在比特币系统中，也正是用了这种方法来保障区块数据不易被篡改和伪造。例如，在区块链中，当小明向翠花发送一个“虚拟货币”时，他会用自己的私钥对翠花的公钥进行数字签名，当其他人用小明的公钥对这个数字签名解密时，就会得到翠花的公钥。这就证明了以下两点。

（1）用小明的公钥能正常验证（解密）这个数字签名，说明这个数字签名确实是小明发出的。

（2）这个数字签名被解密后，得到的是翠花的公钥，这就证明小明发出的“虚拟货币”的接收者确实是翠花。

当然，区块链的巧妙之处并不仅仅在于利用了哈希算法和数字签名，它设计了一套严密的数据链结构，并设计了一个在无中心管控的团队中达成共识的算法，从而在不可信的环境中构造出一个非常巧妙的、可信任的区块链系统。

第5章

环环相扣：比特币之链

小明通过学习数字签名和非对称加密，对区块链技术有了更深入的了解，并且也对翠花进行了详细介绍。“哎，小明哥。这下我也算是入门了。但这比特币到底是什么东西啊？”翠花倚傍着小明，娇嗔地说，“这看不见摸不着的，我真是想不出来它到底是什么。你这次一定要给我讲清楚。”

“这个当然没问题。”小明清了清嗓子，“比特币其实就是建立在密码学基础上的一种‘虚拟货币’……”

“嗨，翠花，这事儿我也清楚。”二黑不怀好意地把脸凑了过来，“不就是‘虚拟货币’嘛，就和咱们玩的游戏币是一样的。”

“比特币这么高技术的东西岂能是游戏币能比的？”小明不耐烦地推开二黑。

“嗯，话是这么说，但比特币和游戏币到底有什么区别呢？”翠花还是一头雾水。

“我们玩的游戏中的游戏币是中心化的东西，是游戏开发商自己定义的，想发多少发多少。可比特币就不同了。”小明耐心地解释，“比特币是去中心化的，它的总数从一开始就固定了，谁也不能改变。并且，比特币是通过数字签名技术来验证所有者的，所以它本质上是一种数字签名链。”

“原来是这样啊。”翠花瞪大眼睛，“虽然没听懂，但是听起来好像很厉害的样子。”

“嗨，其实他也不懂，别听他忽悠。”二黑又靠了上来。

小明急了："别捣乱，中本聪在论文里已经把比特币定义得清清楚楚了，我能不懂？"小明用肩膀撞开二黑，"翠花，到我家去，我们一起慢慢看论文。"

5.1 比特币是数字签名链

中本聪的论文原名是*Bitcoin: A Peer-to-Peer Electronic Cash System*，翻译成中文就是《比特币：一种点对点的电子现金系统》，所谓的点对点，就是个人对个人的意思。言外之意，它不需要一个中心机构来管理，也不需要一个中介结构来撮合，可以放心地在个人与个人之间进行使用。这篇论文的英文原文和中文翻译都可以在网上找到，但网上的中文翻译在某些关键的问题上可能会出现错误，会给阅读者带来理解上的困难。

为此，下面着重阐释比特币的定义。我国对比特币的资产属性进行了定义，提出"从性质上看，比特币应当是一种特定的虚拟商品"。而从具体的计算机技术上，中本聪在论文中是这样定义比特币的：可把比特币定义为这样一条数字签名的链条——每一个拥有者在发送这个币给接收者时，要对前一次交易的哈希值和接收者的公钥进行数字签名，然后把这个数字签名放在币的尾部。因此，可以这么理解：从实际应用上来说，比特币是"虚拟货币"；但从技术本质上来说，比特币是一条数字签名链。就好比说一块钻石，从日常应用上来说它是一件珠宝，但从技术本质上来说它是高压高温条件下形成的碳元素晶体。

中本聪用一幅图说明了比特币的数字签名链，如图5.1所示。

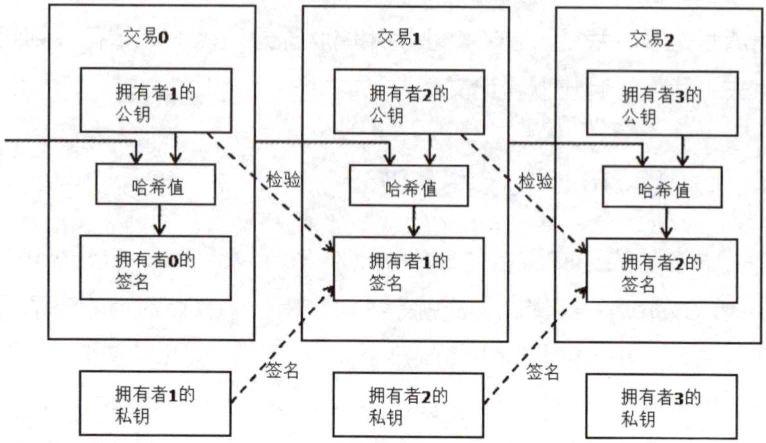

图5.1 | 比特币的数字签名链

从图5.1可以看出，比特币被定义得非常复杂，作为一种虚拟资产，它被定义为一条加上了数字签名的交易记录链条，记录了比特币从不同的交易者转手的过程。这种定义和人们平时在网络世界中了解到的虚拟商品的定义是不一致的。例如，在一个游戏中，虚拟商品通常只需要简单地定义为一条数据库记录即可。假如小明在玩的某个游戏，游戏中有一种虚拟商品叫作“红晶石”，小明在游戏中获得了300个红晶石，游戏系统会在数据库中增加一条记录“小明：300红晶石”。如果小明把这300个红晶石送给了翠花，那么游戏系统要做的就是从小明的记录里删除300个红晶石，在翠花的记录里增加300个红晶石。于是，小明的记录变成“小明：0红晶石”，翠花的记录变成“翠花：300红晶石”。

同样是虚拟商品，游戏里的交易记录为什么定义得这么简单呢？因为游戏系统是由某个公司运营的，这个公司的游戏服务器是大家都信任的中心节点，数据都存储在服务器内部，只有该公司才能修改记录。所以，游戏系统可以很简单地用单独的记录条目来记录每个人的虚拟商品，记录和记录之间没有直接的联系。例如小明只需要一个记录条目，翠花也只需要一个记录条目，当他们拥有的红晶石个数发生变化时，只需要相应修改他们记录条目下的红晶石个数就可以了。但是比特币系统是没有中心节点进行管控的，大家都可以看到交易记录，都可以修改数据，如果只是简单地使用游戏系统的记录方法，那就乱套了。比如，二黑就可以随意删掉翠花记录下的300个红晶石，并给自己的记录增加300个。

5.2 比特币数字签名链的运行过程

比特币基于数字签名的交易记录链由于运行在不可信任的环境中，必须要通过多种技术手段来防止有人恶意篡改和伪造。具体是怎样实现的呢？图5.1展示了这个过程，但中本聪并没有对这个图做太多解释，因为他的论文是写给“数字货币”专家看的，专家一看图就懂了。为了让各位读者都能看明白，接下来对图5.1进行详细解释。为了更形象化，下面把图5.1对应到一个生活中的例子，假设交易0是小明的妈妈给小明发送了一个比特币，而交易1是小明把这个比特币发送给了翠花，如图5.2所示。

为了清楚地阐明这个数字签名的交易记录链是怎样运作的，这里以交易1这条记录为例子进行说明。交易1这条记录，记载了小明发送比特币给翠花的过程。小明是这样写这条记录的。

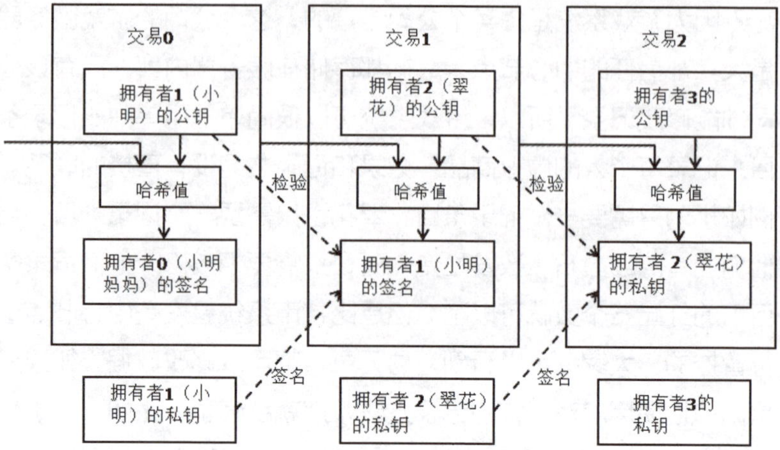

图5.2 | 生活中的实例

（1）小明把翠花的公钥放在交易1的记录里，表示他发送比特币的接收者是翠花。

（2）小明使用SHA256算法对上一个交易——交易0记录的所有数据进行计算，求出交易0记录的哈希值，也放在交易1的记录里。这个步骤证明他自己这个比特币来源于交易0。因为他的比特币是小明妈妈在交易0中发送给他的。

（3）小明使用自己的私钥对翠花的公钥和哈希值进行数字签名。这是表明自己确认这次交易，此后不可后悔和抵赖。

通过这3个步骤，小明清楚地记录了这次交易过程，而其他人也能很好地进行验证。比如二黑要验证这次交易的有效性，他要做以下事情。

（1）查看这次交易记录里的哈希值，根据这个哈希值找到上一个交易记录——交易0，在交易0中含有小明的公钥，说明小明的比特币是从交易0中获得的，这也证明了小明确实拥有该比特币。

（2）从交易0中找到小明的公钥，对交易1中小明的签名进行验证（解密），如果能正常解密，说明这个交易记录确实是小明写的，小明不可抵赖。解密的结果里包含翠花的公钥和哈希值，与交易1明文书写的翠花的公钥和哈希值进行比对，如果一致，说明这次交易一切正常，交易记录没有被篡改。

综上所述，比特币交易记录就这样一环扣一环地连接起来，每一次交易都需要用上一次交易的哈希值来验证，都需要用自己的签名来确认。这保证了交易不可抵赖，不易篡改，不易伪造。

如果小明事后想反悔，否认自己发送比特币给翠花。其他人一查交易记录，里面有小明的数字签名，那么小明就无法抵赖。

如果二黑想篡改这次交易，把这次交易的接收者翠花的公钥改成自己的公钥，使这个比特币变成自己的。那么其他人把小明的数字签名解密后，得到真正的接收者公钥，和二黑篡改后的记录进行比对，会发现错误，因此二黑无法篡改。

二黑打算一不做二不休，干脆伪造整个交易。因此，他篡改了本次交易接收者的公钥，然后又篡改了签名，把签名变成自己的。但是其他人仍然可以发现问题，因为前一个交易中的公钥是小明的，无法用来验证本次交易中二黑的签名。所以，二黑必须还要伪造前一个交易，把前一个交易中的公钥改成自己的。而要伪造前一个交易，他又必须伪造前前一个交易，这样一直向前，二黑必须要伪造整个交易链，直至第一个发生的交易。比特币交易链上的第一个发生的交易称为币基交易（Coinbase交易，由挖矿形成），二黑是无法伪造币基交易的（见后面的介绍），所以二黑也无法伪造任何一次交易（见图5.3）。

图5.3｜二黑无法伪造交易

■ 5.3 数字签名链的类比：比特币纸

如上所述，中本聪设计了一个巧妙的交易记录方式，每次交易都需要上一次验证，这样一环扣一环，导致整个交易链很难被篡改和伪造。在前面的图5.1中中本聪描述了比特币的数字签名链，该图看起来还是有点复杂，人们要弄懂得多看几遍。因此，为便于理解，下面用生活中的例子进行说明。可以想象一个比特币就是一张纸，这张纸上有一张表格，表格用于记录这个比特币每次换手的过程。每次这个比特币的拥有者想做交换时，都必须在这张纸的表格中写下本次换手情况，然后按上自己的手印。记录的情况包括三方面内容：这个比特币要给谁，这个比特币从哪里来，当前拥有者留下的手印。

假如小明的妈妈通过挖矿得到一个比特币，小明妈妈把这个比特币给了小明，小明又把这个比特币给了翠花，那么这张“比特币纸”上就记录了这样一张表，如表5.1所示。

表5.1 比特币纸

交易次序	交易记录
交易0：币基交易	小明妈妈挖矿得到一个比特币
交易1：小明妈妈把这个比特币给小明	1. 接收者是小明（这对应着小明的公钥） 2. 上一次交易是币基交易（这对应着币基交易的哈希值） 3. 小明妈妈的手印（这对应着小明妈妈的数字签名）
交易2：小明把这个比特币给翠花	1. 接收者是翠花（这对应着翠花的公钥） 2. 上一次交易是交易1（这对应着交易1的哈希值） 3. 小明的手印（这对应着小明的数字签名）
……	……

这个比特币每发送一次，这张比特币纸上都会增加一条记录。每一位接收者都可以向上验证以前的交易记录，直到币基交易，以证实这个比特币来源的合法性。而且这个比特币还是记名的，记录了当前拥有者是谁。比如，现在这个比特币的拥有者是翠花（通过翠花的公钥来证明），并且这个比特币只有翠花才能使用，因此下一次使用需要翠花的手印（使用翠花的私钥进行数字签名）。即使翠花不把这张“比特币纸”放在钱包里，而是贴在大街上，也能保证这个比特币属于自己，其他人无法使用。

当然，通过“比特币纸”的例子对中本聪提出的“比特币就是数字签名链”这个概念所做的类比解释并不是完美无缺的，因为数字世界和真实世界还是有差别的。比如，在真实世界中，还是需要一个中心化的权威机构，以验证交易1中小明的手印是他本人的，而在数字世界中，只需要查找上一次交易中小明的公钥，就可以验证小明的手印（数字签名）。这也再一次说明了比特币的去中心化特性——可以自我验证、自我防伪，不需要任何中心机构来背书。

5.4 比特币的UTXO数据结构

前文通过中本聪对比特币的定义和一幅关于“比特币的数字签名链”的示意图，介绍了什么是比特币。但细心的读者可能会有一个疑问，前文所描写的交易记录中没有涉及具体的比特币交易数量，小明发送比特币给翠花，怎么指定要发送几个比特币呢？实际上，中本聪的论文所给出的比特币数字签名链示意图，只是说明其原理，在具体实施过程中，比特币交易记录比前文讲得更复杂，每一次交易记录中还会包含一个被称为未使用的交易输出（Unspent Transaction Output，UTXO）的数据结构，描述了每一次交易中比特币输入和输出的数量。例如，如果小明发送比特币给翠花，应该在交易记录中加入一个UTXO数据结构，如表5.2所示。

表5.2 UTXO数据结构示意表

交易类型：普通转账			交易编号 2
输入	输出		
交易1的输出	输出序号	输出数量	对象
	1	1	翠花

表5.2中交易1的输出指的是小明妈妈输出1个比特币给小明，因此，交易1的输出数量是1个比特币，它成为本次交易的输入。而本次交易的输出数量也是1个比特币，输出的对象是翠花。

在一次交易中，小明除了给翠花外，也可以给多个人输出，数量也可以不是整数。例如，他决定给翠花0.5个比特币，给二黑0.3个比特币，那么对应的UTXO数据结构也将发生变化，如表5.3所示。

表5.3 向多人输出的UTXO数据结构

交易类型：普通转账			交易编号 2
输入	输出		
交易1的输出	输出序号	输出数量	对象
	1	0.5	翠花
	2	0.3	二黑
	3	0.2	小明

在这张表中，输入不变，还是交易1的输出，即小明妈妈给小明的1个比特币。但是输出发生了变化，总共有3条，输出1是给翠花的0.5个比特币，输出2是给二黑的0.3个比特币，输出3是给小明自己的0.2个比特币。输出1和输出2很好理解，但是输出3显得很奇怪，输出3是给小明自己的0.2个比特币？这个比特币本来就是小明自己的，为什么还要在输出3中发送给自己呢？因为比特币系统有一个规定，每次交易的输入数量减掉输出数量，剩下的若无特殊说明就会捐献给矿工（矿工实际上是交易的记账者，其具体内容将在第6章进行详细介绍）。在本例中，输入为1个比特币，输出为1个比特币（0.5+0.3+0.2=1），输入和输出完全相等，小明没有捐献比特币，他把输出给翠花和二黑后剩下的比特币都留给了自己。如果没有输出3，那么1-0.5-0.3=0.2，这0.2个比特币则被捐献给矿工，小明就会损失0.2个比特币。当然，表5.3所示的是理想模式。实际上，为了避免损失而不做任何捐献也是不合适的，因为这样无法激励矿工进行记账，那么所做的交易就无法得到区块链网络的确认，也无法实施正常输出。事实上，比特币系统有一套规则来确定每次交易应该捐献多少比特币给矿工，通常来说，应该捐献0.0001左右的比特币。

本节对UTXO数据结构进行了简单的讲解，实际上在交易中UTXO数据结构可以很复杂，可以有多个输入和多个输出，这里不再详述，有兴趣的读者可以查看相关资料。

第6章

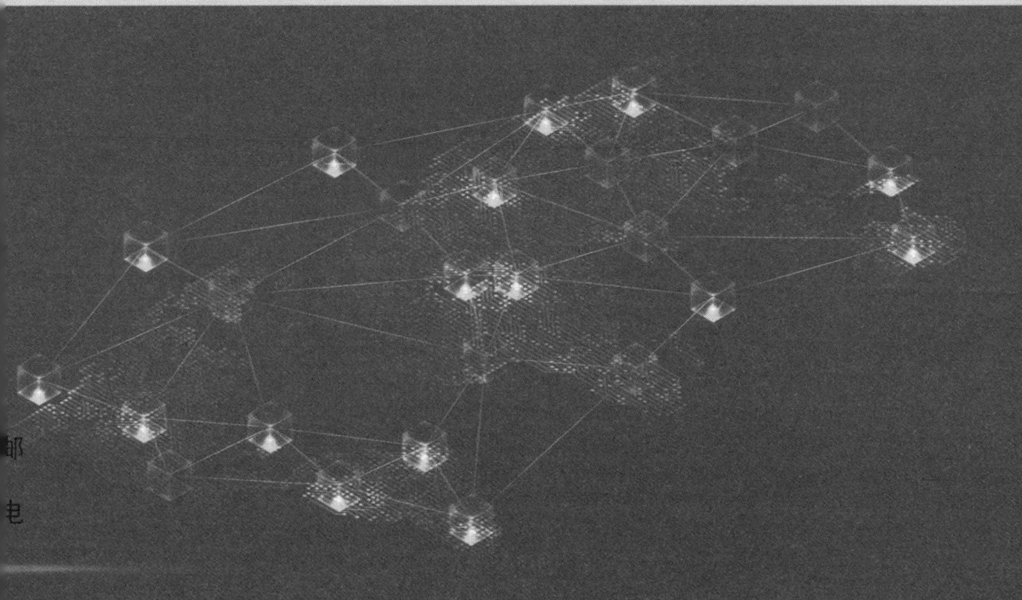

固若金汤：解密区块链

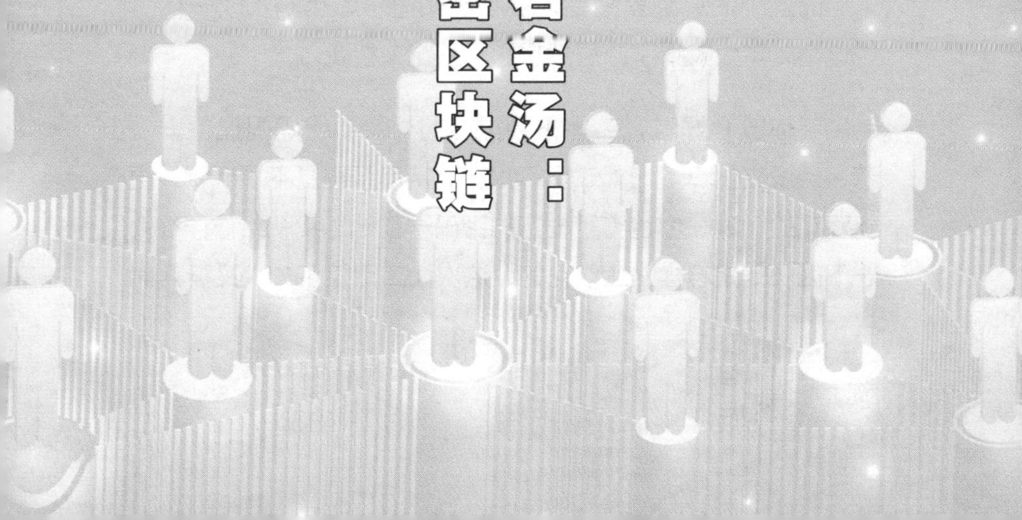

地球村的二黑最近比较郁闷，于是把自己的好友狗剩叫到家里来诉苦：“小明有点膨胀了，整天和我的女神翠花在一起。”

“是啊。”狗剩冲着二黑直点头，“翠花真是瞎了眼，小明这家伙一副穷酸样，哪里比得上我二黑哥。”

“这家伙一副自以为是的样子，好像自己很懂比特币似的，整天忽悠翠花。”二黑沉吟着说，“既然这家伙装大尾巴狼，我就用比特币好好教训教训他。”

“不愧是二黑哥，这么快就有主意了。”狗剩殷勤地给二黑倒了一杯茶，“二黑哥您喝着茶，慢慢说给我听。”

“我打算这么办。我先在网上用比特币和小明换他的航模飞机，他想占便宜就一定会换，然后我再用这个比特币和大雄换他的哈雷摩托。”二黑的眼睛里闪烁着狡猾的光芒。“反正比特币是电子化的‘虚拟货币’，看不见摸不着。我用同一个比特币同时换了他们的东西，就让他们自己去争这个币，你猜谁能打得过谁？”二黑一拍大腿嘿嘿地笑了起来，“我猜小明一定会被大雄修理……”

而这个消息阴差阳错地被小明知道了，小明长叹一口气，“这个二黑太狡猾了，居然想到用双花来整我。”

“你放心好啦，二黑不会得逞的。”小明妈妈显得泰然自若，“没文化真可怕，二黑不知道比特币系统是不易抵赖，更不能双花的。现在你也有了一定的密码学基础，我就给你详细介绍一下区块链是怎样防止双花的，这次让二黑赔了夫人又折兵。”

■ 6.1 防止双花的妙招——把区块连成链

小明妈妈说得不错，中本聪在设计比特币系统时，专门考虑了双重支付的问题。双重支付又叫“双花”，简单地说就是把一份资产交换两次。前面已经论证，二黑无法伪造或者篡改已经发生的交易。但是，他换了一个思路，既然不能篡改别人已经发生的交易，那么他可以从自己的交易下手。因此，他考虑用比特币和小明交换东西，同时再用这个比特币和大雄做交易。这个比特币被他交换了两次。由于网络有延迟，如果小明和大雄无法及时发现这个问题，二黑就会得逞。为了防止双花，比特币系统里的交易就必须有人进行检验和记账。对每一笔已发生的交易，都要向前追溯整个交易链，看这笔交易是否属于双重支付。将一些通过检验的交易记录集中起来，进行检验和打包后，就形成了区块。这些区块通过哈希值连接在一起，最终形成了区块链。正是通过这种把区块连接成可追溯的链条的方式，中本聪成功地解决了双花问题。

如果把区块比喻成一张记账的纸，上面记录了若干条交易，那么区块链就是把这些纸按次序装订起来后形成的账本。这个账本是公共的，并没有一个中心节点来管控它，谁都可以查看它，谁都可以在它上面记账。那如果有人胡乱记账或者搞破坏，这个账本岂不是要乱套了吗？为了避免出现这种情况，中本聪设计了一套非常巧妙的机制，用来保障大家都能正确地记账，即使有人想故意捣乱，也很难做到。

6.2 比特币系统的基本模型

比特币系统的基本模型如图6.1所示。

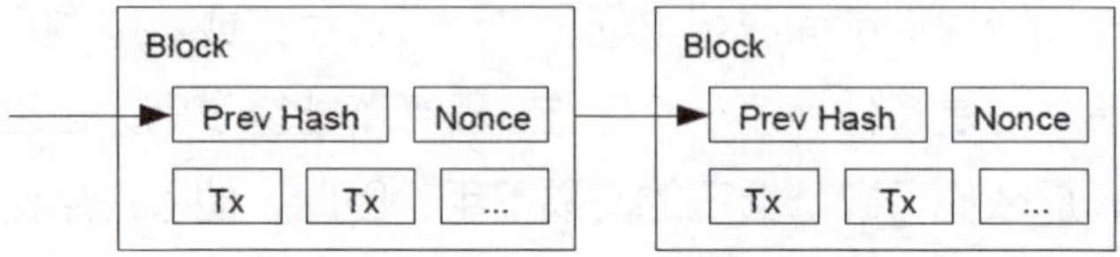

图6.1 | 比特币系统的基本模型

这是一个简化的模型，虽然与实际的区块链结构有所不同，但是能很清晰地说明区块链的原理。如图6.1所示，在一个区块（Block）中，包含了前一个区块的哈希值（Prev Hash）、一个随机值（Nonce）以及一系列的交易记录（Tx）。下面分别对这三者做出说明。

（1）前一个区块的哈希值（Prev Hash）。

这个值是通过SHA256算法对前一个区块的数据进行计算后得出的一个数字串，其长度为256位。由于哈希值和区块数据是一一对应的，因此这个哈希值相当于一个指针，指向前一个区块，所以有时它也被称为哈希指针。通过哈希指针，前后两个区块得以连接在一起。通常把前一个区块叫作父块，后一个区块叫作子块。当然这是相对的，每一个区块都是其前一个区块的子块，也是其后一个区块的父块。如果某人想篡改一个区块的数据，那么他就必须把连接在其后的所有区块数据都做出相应的修改，这样修改难度就非常大了。这种连接方式，和前文讲到的交易记录的连接是一样的。同样，大家也会有一个疑问：区块链中第一个区块的哈希值指向谁呢？实际上，比特币系统中第一个区块并不包含Prev Hash，第一个区块是中本聪用软件手工生成的，称为创世区块。后续的区块才是区块链系统根据规则生成，并通过哈希指针连接在创世区块上的。

（2）随机值（Nonce）。

这是一个由记账者通过猜测来确定的数值，这个数值需要满足下述规则：当这个数值被放入整个区块数据后，使用SHA256算法对所形成的区块数据进行计算，得到的哈希值必须小于给定的难度值。举例来说，假如当前区块链网络给定的难度值是*a*，当前区块中除随机值外的其他数据（如前一个区块的哈希值、交易记录数据等）是DataB，那么记账者必须要找到一个随机值Nonce，使它满足下面的条件：SHA256（DataB+Nonce）<*a*。由于哈希算法是不可逆的，因此满足条件的Nonce无法通过逆向计算得出，只能进行穷举猜测。即先假设Nonce为数字0，然后每次增加1，不断计算对应的SHA256哈希值，直到算出来的哈希值小于当前难度值*a*。当记账者通过穷举计算找到这个随机值Nonce后，他就获得了记账权，他可以将这个区块放入区块链之中，并且通过币基交易获得比特币奖励。这就是俗称的“挖矿”，而记账者被称为矿工。挖矿的结果是把一批交易记录打包成区块，并放入区块链中，同时区块链产生新的比特币奖给矿工。在挖矿过程中，矿工节点（矿工所对应的网络节点）寻找符合条件的随机值Nonce时需要进行上百万次哈希计算，这要耗费很大的计算工作量才能获得记账的权利，因此寻找Nonce的过程

也称为工作量证明（Proof of Work，PoW），工作量证明是为了确保潜在的攻击者无法篡改区块链中的数据。挖矿不仅是记账的过程，对维持区块链的安全性也非常重要，第7章将对挖矿和工作量证明进行更详细的介绍。

（3）交易记录（Tx）。

在区块链中，同一时间会有许多交易产生，每一个交易者进行交易后，都会生成一条交易记录，并向全网广播发送。矿工节点收到这些交易记录后，将其放入交易池中（也就是存储在本机的内存中），然后每次从交易池中取出一批交易记录，打包成区块来完成记账过程。这些交易记录被打包成区块，区块通过哈希指针的前后连接形成区块链。此外，从前文关于比特币的定义可知，交易记录之间也是有连接关系的，一个比特币本质上就是从币基交易开始的一条交易记录链。因此，不同区块中的交易记录具有连接关系，这样实质上构成了两条链，一个是区块链，一个是区块中交易记录构成的交易链。区块链和交易链如图6.2所示。

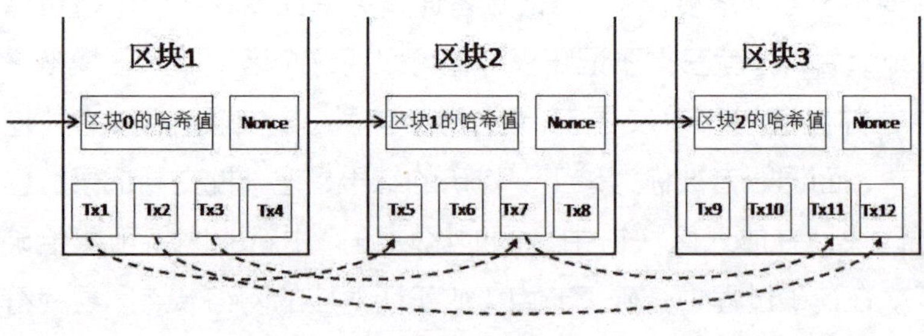

图6.2 | 区块链和交易链

区块通过哈希指针（前一个区块的哈希值）连接在一起，而区块中包含的交易记录，也是通过前一个交易记录的哈希值连接在一起的。不同的是，区块总是按产生的时间顺序连接成唯一的一条链，而区块中的交易链有多条。由于任意一条交易链都是以币基交易开头的，而每挖出一个区块就产生一个币基交易，因此交易链的条数总是小于或等于区块的个数。

6.3 区块链网络的运行方式

区块链的总体结构确定后，中本聪给出了区块链网络的运行方式（见图6.3），主要包含以下几个步骤。

（1）当一个用户产生交易后，他把新的交易记录向全网进行广播。

（2）每一个矿工节点都将收到的交易信息进行打包，放入某个区块中。

（3）每个矿工节点都尝试在自己的区块中找到一个符合当前难度的工作量证明，即找到随机值Nonce。

（4）当一个矿工节点找到一个工作量证明，即随机值Nonce时，它就把这个值放入所找到的有效区块中，并向全网进行广播。

（5）其他矿工节点收到这个有效区块后，会进行验证计算，当且仅当包含在该区块中的所有交易都是有效的且之前未存在过，其他矿工节点才认同该区块的有效性。

（6）其他矿工节点表示它们接收该有效区块，而表示接收的方法则是跟随在该区块的末尾，以该区块为父块制造新的子块以延长该链条。

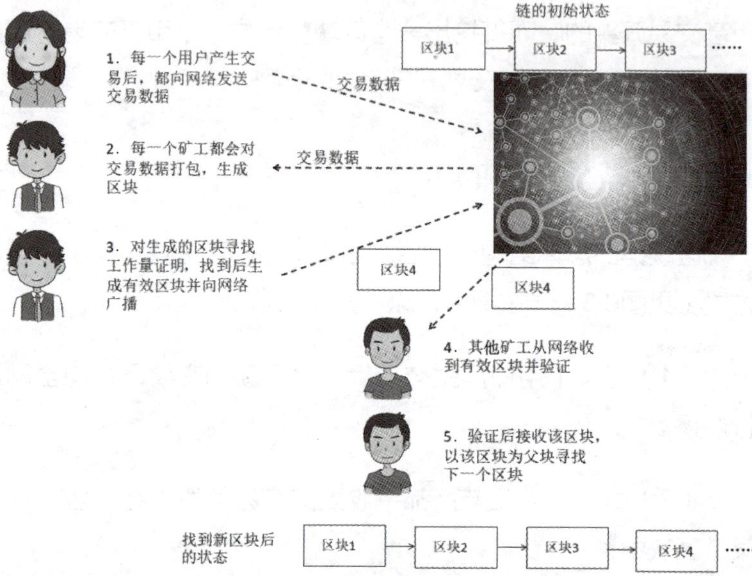

图6.3 | 区块链网络的运行方式

这个过程中可能会产生一个问题，假如小明和二黑所运行的两个矿工节点同时找到了工作量证明，当它们向全网进行广播时，有些矿工节点可能先收到小明的区块，有些矿工节点可能先收到二黑的区块，那么谁的区块应该被区块链接纳呢？关于这个问题，中本聪提出了“最长链原则”。

最长链原则：矿工节点始终把最长的链条当作正确的链条，并在该链条上工作和持续延长它。如果有两个矿工节点同时广播不同版本的新的有效区块，那么其他矿工节点在接收到该有效区块的时间上将存在先后差别。在这种情况下，它们将在先收到的有效区块上进行工作（以该区块为基础形成下一个区块的哈希指针），但也会保留另外一个区块，以防后者变成最长的链条。在这种情况下，区块链产生了临时分叉，分成两个分支。分叉的消除要等到下一个新区块产生，如果下一个新区块产生在小明的区块上，那么小明区块所在的这一条分支链更长，因此二黑的区块会被丢弃，在二黑区块的这一条分支链上工作的矿工节点将转换阵营，开始在小明区块所在的分支链上工作，这样分叉就被消除了，大家又在一个统一的链条上工作，这个过程称为剪枝（二黑的临时分叉链条被剪除）。

通过以上原则，中本聪巧妙地构造了一个不易篡改、不易伪造、不易抵赖，也能防止“双花”的区块链账本，为什么区块链能做到这一点呢？可以进行如下分析。

（1）不易篡改和伪造。

如果二黑运行了一个矿工节点，但是他心怀不轨，不打算按规则记账，而是想要篡改或者伪造某个区块。首先他必须要修改该区块中的交易数据，区块数据被修改后，该区块中原有的Nonce将不符合条件，因此他必须进行工作量证明（进行上百万次哈希计算来猜测新的符合条件的Nonce），通过较长时间的工作量证明找到新的Nonce后，二黑伪造了一个符合规则的区块来代替原区块。但是，由于原区块的哈希值已经被存储在区块链的下一个区块中，因此二黑还必须修改下一个区块，用伪造区块的哈希值来代替原区块的哈希值。要做到这一点又必须进行下一个区块的工作量证明，如此循环下去，二黑需要伪造出此后的全部区块。但是，区块链总是在不断增长的，如果二黑的伪造速度跟不上区块链的增长速度，那么根据最长链原则，他伪造出的链条会被丢弃，无法发生作用。中本聪在论文中用数学方法进行了证明，如果二黑的机器算力（即哈希计算能力）不能超过全网总算力的51%，他就永远无法生成最长链。比特币网络分布全球，有上千万个矿工节点，单个攻击者的机器算力要超过全网的51%几乎是不可能的，因此区块链很难篡改。另外，如果从经济学原则考虑，即使二黑真的具备超过全网51%的算力，那么他使用这些算力进行挖矿所得到奖励的好处，要远远超过他发动攻击破坏区块链的好处，因此他也不会有动力去破坏区块链。

（2）不易抵赖。

当二黑进行一次交易，其交易数据被写入区块链后，他也很难抵赖这次交易。因为区块链的账本是公开的，全世界有上千万个节点存储了区块链数据，所有的交易数据都能在区块中追溯。由于比特币系统采用P2P的网络架构，即使有个别节点失效或者丢失数据，但只要区块链网络中还存在有效节点，那么这个有效节点总能将区块数据同步给新加入的节点。这些数据总是能查到的，二黑永远无法抵赖已发生的交易。当然，从正面的角度来说，这也体现了区块链的高可用性，即使一部分节点失效了，也不会影响区块链网络的正常运行。

（3）防止“双花”。

如果要防止同一个比特币被使用两次，就必须要有第三方监督。在中心化系统中，可以引入一个权威机构来负责监督，前提是大家都信任这个权威机构不会造假。在去中心化的区块链系统中，并不存在这样一个大家都信任的节点，但是中本聪巧妙地利用“矿工”这个角色来防止“双花”。如前文所述，矿工在挖矿时会从内存中挑出一批交易来打包成区块。在打包区块前矿工还有一个职责，即需要对这些交易进行审核，保证交易都是合法的。因此，矿工会对每一笔交易沿着交易链进行上溯追查，保证这个比特币在使用过程中没有出现“双花”的情况。矿工审核完后才会进行工作量证明并打包成有效区块。当有效区块被广播给全网时，其他矿工也会对这个有效区块中的交易进行审核，只有确认所有交易都合法后，才能把区块放入区块链中。因此，每笔交易都会在打包前和打包完成后由不同的矿工进行两次审核，确保交易的合法性，这样就防止了“双花”。那么，如果存在恶意的矿工不进行审核，怎么办呢？假如矿工二黑在打包区块前不审核交易，那么他打包完成的区块可能存在问题，当他完成工作量证明并提交区块时，其他矿工会发现问题，从而将他的区块丢弃，这样二黑的工作就白做了。对他来说，这样做存在巨大的风险而没有任何好处。因此，假设大部分矿工都是理性的，无论他是否有责任心，他都不得不履行审核交易的义务。

6.4 比特币系统的社会学原理

通过前文分析，我们可以了解到，比特币系统通过一些加密技术和博弈原则，巧妙而又简洁地在互不信任的节点中建立了一个可信系统。如果抛开加密技术不谈，比特币系统的博弈原则其实很简单，那就是它建立了一个“好人系统”，在这个系统中好人得到奖励，坏人不受惩罚但无利可图。

假如小明是一个规规矩矩挖矿的好人，而二黑是一个想破坏区块链的坏人，他们分别会得到以下结果。

（1）小明得到奖励：小明按规则合法挖矿，因此，他将得到比特币奖励。同时，他挖矿工作的正常运行也维护了区块链的正常运转。

（2）二黑不受惩罚但无利可图：如果二黑试图进行伪造、篡改或者发动攻击，区块链系统并不会对他进行惩罚。因为进行惩罚是有成本的，需要完成识别、记录、处置等一系列动作，这会大大增加去中心化系统的复杂性，使系统效率太低而无法运作。但二黑即使不受惩罚，他作恶也得不到任何好处。即使二黑花费巨大代价获得超过全网51%的算力，他最多也只能影响系统的正常运行，并不能偷取其他人的比特币，因为二黑并没有掌握其他人的私钥。因此，二黑付出的攻击努力都白费了，由于得不偿失，所以他也不会选择当坏人。

比特币系统其实也展现了这样一个社会学道理：在一个做好人得到奖励而做坏人无利可图的系统中，即使没有惩罚机制，绝大部分人也会选择做好人。

以上通过图6.1所示的比特币系统的基本模型描述了其原

理，但实际上区块的结构要比图6.1所示的更复杂一些。中本聪考虑到存储和检索效率，在把交易记录打包放入区块的步骤中，还使用了一种被称为梅克尔树（Merkle trees）的数据结构。一个区块实际上分为区块头和区块体两部分，在区块头中放入的是区块本身的一些信息，而区块体中主要是使用梅克尔树存储的交易记录。梅克尔树的根节点称为梅克尔根，梅克尔根被放入区块头中，通过它就可以查询到区块体中的具体交易记录，如图6.4所示。

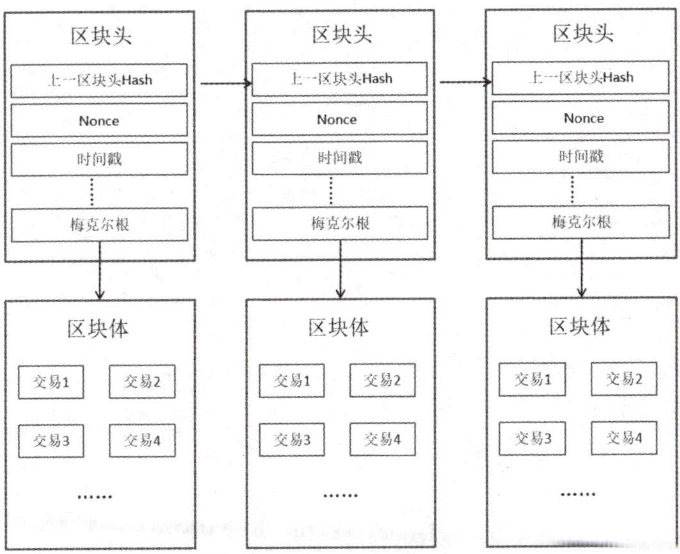

图6.4 | 完整的区块链结构图

第7章

守株待兔：挖矿太不易

二黑虽然用“双花”陷害小明的想法失败了，但是他仍然没有死心。他又设计了新的“作战方案”——比特币赠送大作战。

之后的某一天，小明在村里偶遇翠花。“翠花，你好。”小明热情地迎上去，“我正打算送你一件礼物呢，情人节我打算送你1个比特币！”

“好高兴，真是太感谢了。”翠花很有礼貌地回答，可是声音中并没有显得很高兴。“不过，如果你的比特币不多的话，还是自己留着吧，二黑哥说要送我10个呢！”

“二黑要送你10个？”小明慌张起来。慌乱之中小明愤愤不平地想着：二黑真是财大气粗啊，就连自己这个比特币也是从他手里换来的，这世界真是太不公平了。不过话说回来，虽然我穷了点儿，但是我可以“挖矿致富”啊，这样我就有很多比特币了。

说干就干，小明在自己的计算机上安装了挖矿程序，开始了挖矿大业。一天过去了，小明看看计算机，一个比特币都没挖到。计算机又运行了一天，还是没有挖到比特币。一周后，仍然没有。过了一个月，小明检查计算机，居然还是看不到一个比特币的影子。

“这样是不行的。”小明妈妈语重心长地说，“挖矿可不是那么容易的，就像守株待兔一样，要守在那儿不停地猜那个随机值，直到碰巧猜中了才会得到比特币奖励。你的计算机太慢，一秒钟猜不了几次，专业矿工的计算机比你的快多了。”

“啊？那怎么办？”

“个人想要挖到比特币，只有连入矿池才行。不过，首先我还是给你讲讲挖矿的具体过程吧，只有明白了这个，才会明白什么是矿池。”

7.1 区块头的数据结构

要了解挖矿的具体过程，首先要了解区块头的数据结构，以及挖矿成功的条件。一个区块包含区块头和区块体，区块头的数据结构如表7.1所示。

表7.1 区块头的数据结构

数据项	含义	大小
Version	当前区块的版本号	4字节
PreHash	前一个区块的区块头哈希值（即哈希指针）	32字节
MerkleRoot	当前区块的区块体中交易梅克尔树的根哈希值	32字节
Time	时间戳（从1970年1月1日开始到本区块生成时所经过的秒数）	4字节
Bits	当前区块生成时的难度值	4字节
Nonce	随机值	4字节

所谓的挖矿，就是要寻找一个Nonce，使它满足以下条件：

SHA256（SHA256（Version+PreHash+MerkleRoot+Time+Bits+Nonce））<难度值

即对区块头数据使用SHA256算法进行两次计算，并要求计算得到的哈希值小于当前难度值，上面式子中的难度值由区块头中的Bits确定。

7.2 矿工节点的运行过程

接下来详细解释小明的矿工节点是怎样挖矿的，如图7.1所示。

图7.1 | 挖矿流程图

1. 挖矿第一步：生成币基交易和交易梅克尔树

当区块链的用户完成一个交易时，会把交易记录向全网广播，因此，每一时刻都会有很多交易在广播。矿工节点会接收这些交易记录，并把交易记录放在自己机器的内存池中。小明的矿工节点挖矿时会从内存池中取出小于1MB数据量的交易记录（大约是3 000条交易记录，交易记录的大小是不固定的）进行合法性审查，如果审查没有问题就进行打包。小明会用这些交易记录生成一个梅克尔树结构的数据块（梅克尔树的生成方式见附录），这个梅克尔树的根节点是一个256位的哈希值，称为梅克尔根。梅克尔根与这个区块中的所有交易记录集合存在对应关系。其中任何一个交易记录发生改变，梅克尔根都会发生变化。因此，可以认为梅克尔根是本区块中所有交易记录的“指纹”。生成的梅克尔树将会放在区块体中，梅克尔根放在区块头中。

需要说明的是，小明在生成交易梅克尔树前其实还做了一件事，即制造一个币基交易用于奖励自己。小明从内存池中取出交易记录前，首先会生成一个币基交易，并作为第一个交易放入区块体中。币基交易的记录格式如表7.2所示。

表7.2 矿工小明生成的币基交易

交易类型：普通转账			交易编号 1
输入	输出		
区块链的挖矿奖励	输出序号	输出数量	对象
	1	12.5	小明（用小明的钱包地址表示）

显然，币基交易与普通交易不同，它的输入来自区块链的挖矿奖励，而不是前一个交易的输出。因此，币基交易总是交易链上的第一个交易，也是区块链产生新比特币的源头。小明把这个币基交易和从内存池中取出的其他交易放在一起，生成一个区块，如果小明挖矿成功，他制造的这个区块被加入到区块链中成为有效区块，那么币基交易所记录的比特币就为小明所拥有了，这就是挖矿奖励。

注意到这里币基交易的数量为12.5，即小明成功挖矿一次会得到12.5个比特币的奖励。这个数量是由比特币系统规定的，并且会逐步减少。数量减少的规则如下。

（1）初始的奖励数量为每个区块50个比特币，此后每新建210 000个区块（大约需要4年时间），奖励减半。比特币系统从2009年开始运行，到2012年挖矿奖励从50个比特币减少为25

个比特币，2016年从25个比特币减少为12.5个比特币。大概到2020年就会再减少为6.25个比特币。

（2）当区块数量除以210 000大于等于64时，奖励数量为0。也就是说，届时（大约200年后）将不会有新的比特币产生，因此比特币的总量有限，根据这个规则可以计算出比特币总量为2 100万个。如果届时没有新币产生，那么矿工是不是会因为没有奖励而停止挖矿呢？这个其实不用担心，因为挖矿奖励除了币基交易外，区块中每笔交易的“交易费”也会奖励给矿工。

2. 挖矿第二步：猜测Nonce

挖矿时，需要根据当前网络难度值（Bits）来猜测一个符合条件的Nonce，这种猜测只能通过从0开始穷举Nonce并计算对应的哈希值来进行，直到找到符合条件的Nonce。当前网络难度值Bits实际上是对一个256位数的难度值压缩后形成的4字节数。假设对一个Bits进行解压，会得到一个用十六进制表示的难度值，例如：0x00000000FFFFFFFF000000000000000000000000000000000000000000000000，这个十六进制数前面有8个0，而根据挖矿规则，使用SHA256算法对区块头进行计算后得到的哈希值必须小于这个难度值。因此，我们得到的区块头哈希值前面0的个数必须大于或等于8，例如0x00000000ADB10……就是一个符合条件的哈希值，而0x0000000AC4200……就不符合条件。从以上分析可以看出，Bits的大小与难度成反比，Bits越小（前面0的个数越多），难度就越大。因为Bits越小，符合条件的哈希值的范围也就越小，找到这个哈希值对应的Nonce就越难。

难度值Bits是个变化的值。中本聪为了保障计算机的内存能容纳所有的区块头，而把区块的生成速度限定为每10分钟生成一个。为了达到这个目标，必须要根据全网的算力（即全网在单位时间内使用SHA256算法进行计算的次数，算力越大，猜测出Nonce就越快）来调整难度值。当算力越大时，相应的难度就会越高，对应的Bits就会越小。为了找到符合要求的Nonce，全网矿工就需要使用SHA256算法进行更多次数的计算。当前比特币系统的全网算力是7.33E H/s（H/s是算力单位，即每秒进行一次哈希计算，E是词头，表示10的18次方），那么每10分钟进行的哈希计算次数是$10 \times 60 \times 7.33 \times 10^{18} \approx 4.4 \times 10^{21}$，这是一个惊人的数字，说明当前要耗费巨大的计算能力（进行4.4×10^{21}次哈希计算）才能生成一个新的区块。

3. 挖矿第三步：广播区块并等待确认

当小明经过大量的哈希计算，终于找到一个符合条件的Nonce后，他会马上把这个区块广播到区块链网络中。网络中的其他节点接收到这个区块后，会对区块进行验证，如检查这个区块的数据格式是否正确，检查区块头的哈希值是否小于Bits所规定的难度值，区块中的第一个交易是否是币基交易，区块中所有的交易记录是否合法、是否存在“双花”等。如果全部检验通过，那么这个区块将被纳入区块链中。如果接收这个区块的节点是一个矿工节点，那么这个矿工节点将会马上停止当前的挖矿计算，转而以小明的区块为前一个区块，进行新一轮的挖矿计算。

■ 7.3 区块链的临时分叉与剪枝

前文讲过，区块广播时，可能发生多个节点同时发现新区块的现象，这时网络上的节点可能分别接收到了不同的新区块，或者同时接收到连接在同一区块后的两个新区块，区块链出现了临时分叉。这时必须根据最长链法则进行剪枝，直到最后达成一致，区块链重新统一为一条唯一的主链。图7.2即为区块发生临时分叉的情况。

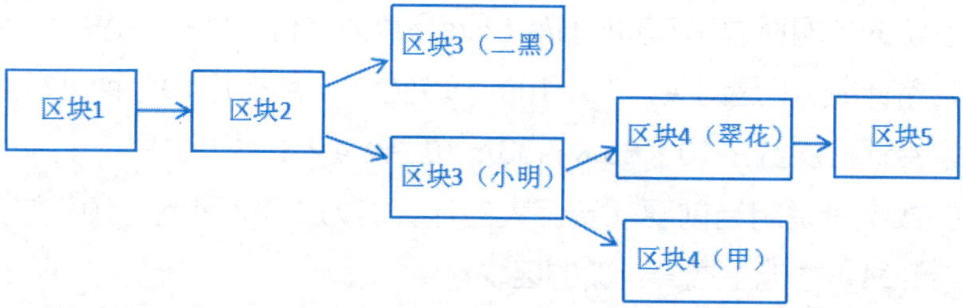

图7.2 | 区块临时分叉

如图7.2所示，矿工二黑和小明在相隔很短的时间内（近似于同时）先后成功打包了一个区块。这两个区块的数据会有不同，因为二黑和小明可能选择了交易池中不同的交易来打包，但这两个区块都是有效区块。其他矿工收到新区块后，会马上放弃自己正在进行的挖矿工作（以区块2为基础），转而以新发现的区块3为基础重新挖矿。那么问题是，应该以谁发现的区块为基础来挖呢？在比特币系统中，定义了如下选择规则。

（1）首先比较区块链长度，看哪个区块能使区块链更长。显然，此时二黑和小明的区块对应的区块链长度相等。

（2）其次比较交易数量，即看哪个区块里包含的交易数量更多，包含较多交易的区块优先。由于区块大小不能超过1MB，矿工都会在这个限制下尽可能打包更多的交易记录，因此二黑和小明区块的交易记录数量是有可能相等的。

（3）最后比较时间：区块头中包含了时间戳Time，时间戳越早的越优先。由于时间戳是矿工自己填入的，不诚实的矿工有可能作弊，会试图填入早于自己实际挖矿的时间，因此对时间戳有一套检验规则，只有符合要求的时间戳才会被认可。比特币系统中时间戳的规则有两条：一是该时间戳必须大于之前11个区块的平均时间戳；二是不得超过当前网络时间2小时。

按照上述规则，矿工会选择一个区块作为基础开始新的挖矿。假设矿工翠花选择了小明的区块继续挖，那么她并不会马上丢弃二黑的区块。因为二黑的区块所对应的区块链也有可能成为最长的区块链，这是由于全球网络中传播速度不一致，有可能部分矿工先收到二黑的区块，且提前于小明的区块很长时间，并且该矿工很快基于二黑的区块成功挖出新区块，那么二黑的区块后面也有了区块连接。此后，这些临时的分叉链会按照竞争规则不断增长。比特币系统认为，当一条分叉链超过6个区块时，它的竞争链能追赶上它的长度的概率已经极小了，那么对应的竞争链将会被剪枝。这条竞争链上的区块就会被丢弃，就不会连接到比特币主链中。

区块后每增加1个新区块，就称为1次确认。以小明的区块为例，它刚进入主链时称为1次确认，其后增加1个新区块，称为2

次确认，直到它后面连接了5个区块，完成6次确认后，就可以认为它不可能被剪掉了，这时小明区块里面的交易记录才能肯定已经被正确记账，完成了交易过程。因此，在比特币网络中，用户执行转账交易操作后，需要完成6次确认才能确保转账成功，即在转账后需要挖出6个新区块。由于比特币网络限定为10分钟挖出一个新区块，因此6次确认需要60分钟（即1小时）。比特币网络成功完成一次转账需要1小时，这也是它的缺点之一，即它不是一个实时的网络应用。另外，从矿工的角度来看，矿工二黑虽然成功挖出了1个新区块，但是由于在此后的竞争中该区块被淘汰，因此该区块中的币基交易是无效的，二黑也得不到挖矿奖励，这一次挖矿是失败的。在比特币系统中，定义了一个区块成熟标准，其为100，这里用一个例子来说明“100”的含义。例如小明挖出1个新区块为小明区块，全网其后必须再挖出100个新区块，且此时小明区块仍保留在主链中，则认为小明区块已经成熟，他才能够确保得到这个挖矿奖励。

图7.3所示为一个区块的具体结构，从区块头数据可以知道，该区块已经经过了4次确认。而下方区块体的数据也显示出，所记录的第一笔交易就是Coinbase交易，挖出该区块得到的奖励大约是13.507个比特币。其中12.5个比特币是系统奖励，而多出来的1.007个比特币就是“交易费”。

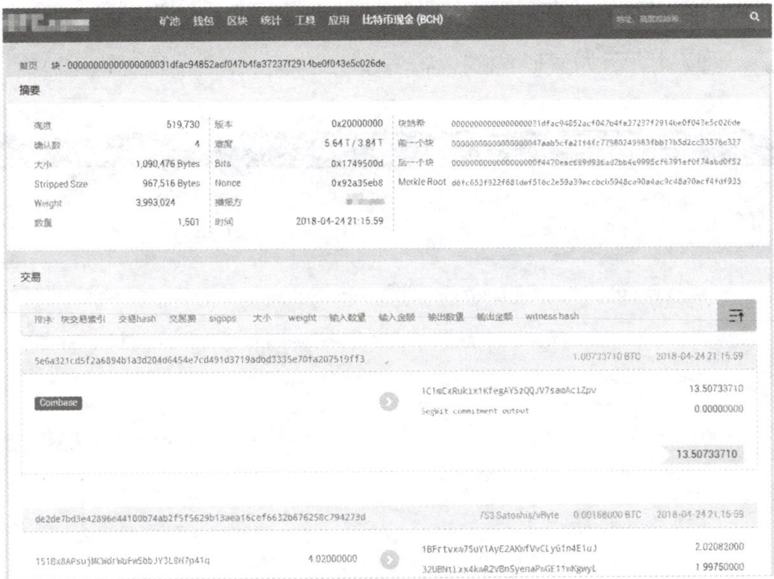

图7.3 | 比特币的区块结构

■ 7.4 众人拾柴火焰高——矿池的出现

比特币系统出现之初，使用个人计算机的CPU就能挖矿，但其后随着挖矿的工具越来越强大，全网算力大幅度增长，竞争非常激烈，导致挖矿难度飞速增加，像小明那样只凭个人计算机已经很难挖出比特币了。这时候出现了“矿池”。所谓矿池，就是某个运营者集合众多人的机器算力，同时来挖一个区块，以保障能先于其他竞争者挖出新区块。为了运行矿池，必须先架设一台服务器，这台服务器充当任务协调者。它会开始一个挖矿工作，然后把需要进行的哈希计算分成许多份，发给连接到矿池的矿工。这样每个矿工都可以并行计算，可以更快地找到符合要求的

Nonce。而矿池挖矿成功后，将根据每个矿工的贡献来分配奖励。图7.4所示为某矿池的运行界面。

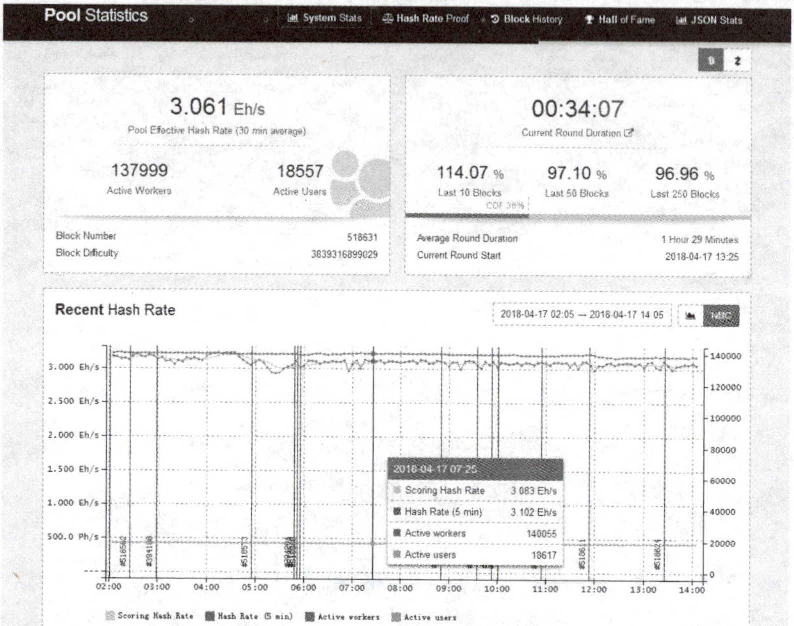

图7.4 | 某矿池的运行界面

为了和矿池连接，矿工需要运行相应的挖矿客户端软件，大部分原生的挖矿软件都是一个命令行程序。当前，挖矿软件和矿池一般通过stratum协议进行连接，该协议确定了矿池如何向挖矿客户端软件传送当前任务的区块头信息，以及客户端需要猜测的Nonce的范围。对于挖矿客户端来说，只需要告知矿池自己的账户地址（方便矿池分发挖到的比特币）就可以随时登录矿池进行挖矿。

那么矿池该怎样去评价每个客户端在挖矿过程中做出的贡献，并在避免作弊的情况下做到公平分配挖矿奖励呢？通常矿池会设置一个较低的挖矿难度，称为矿池难度。假设比特币网络实际的挖矿难度值是5 555，即矿工必须找到一个小于5 555的哈希值才能得到比特币奖励。现在矿池对挖矿难度设置为888 888，即连接到矿池的矿工，只要计算出一个小于888 888的哈希值，就认为他对矿池做出了一定贡献，并记录下来作为成功挖矿后进行奖励分配的依据。使用这种方法，虽然找到小于888 888的哈希值并不足以成功挖矿，但在众多矿工不断尝试下，总有某个人能找到小于5 555的哈希值，从而挖矿成功。因此，通过这种方式，矿池设置一个较低的难度，以保障小算力的矿工也能经常找到符合矿池难度的哈希值来赢得矿池的分配份额，同时也可能使某次尝试会成功挖出一个有效区块，获得比特币奖励。这确实是一个衡量矿工做出贡献大小的公平方法，并且又能确保矿池的高效运作。因此，连入矿池后，小明终于可以顺利挖到比特币了。

第8章

道高一尺：算法和矿机的博弈

“看看，我的主意不错吧。”小明妈妈看着计算机中比特币的数量持续增长，得意地说，“只有连入矿池，咱们才能顺利挖到比特币。”“嗯，真不错。”小明心满意足地看着自己账号中的比特币。

这时，窗外一阵轰鸣声打破了他的思绪，这轰鸣是如此强烈，以至于窗户上的玻璃都开始震动起来。小明吃惊地望向窗外，只见一辆卡车拉着一个巨大的集装箱，停在二黑家的别墅门口。车上跳下几个人，开始把一台台像方盒子一样的机器搬进二黑家。

“糟糕，看来二黑要使用ASIC矿机加大算力挖矿了。”小明妈妈看着窗外，失去了往日的从容，脸色变得严肃起来。

从这之后，小明挖到的比特币一天比一天少。“这是怎么回事？”小明心情低落地望着妈妈。“二黑使用了ASIC矿机，一台的算力抵得上成千上万台计算机，这样会导致全网算力猛增，挖矿难度大大增加，咱们能挖到的比特币自然越来越少。”小明妈妈无奈地说，“看来我们只能转而去挖其他使用了抗ASIC算法的‘虚拟货币’了。”

“什么是算力？什么是ASIC？事情好像越来越复杂了。”小明一脸疑惑。

“要说清楚这些，咱们得先回顾一下比特币区块链算力和矿机的发展历史。”小明妈妈拿出一套图表，开始对小明进行科普。

■ 8.1 算力竞争与矿机的发展

算力，即矿工进行哈希计算的能力，算力越大，矿工通过暴力破解方式求出符合要求的Nonce的能力就越强，矿工就更容易获得记账权和挖矿奖励。算力对比特币系统的运行至关重要，主要表现在三大方面：一是比特币系统的安全运行是由矿工维持的，谁掌握了全网51%以上的算力，谁就能破坏网络的稳定运行；二是比特币系统的奖励也是由算力决定的，算力越大挖出的比特币就越多，如果要建一个吸引人的矿池，也必须要有足够的算力来支撑；三是比特币系统的更新和发展也要依赖强大的算力，如果比特币系统打算修改一些代码来改进系统的性能，比如将区块大小升级为2MB，那么这必须得到矿工的支持，只有掌握了绝大部分算力的矿工支持系统的改变并配合升级挖矿软件，才能使系统平稳切换，并保证新的区块在原链上继续延长。总之，算力可以说是比特币系统的命脉，谁掌握了全网绝大部分算力，谁就能掌控区块链。从全球公有链的角度来说，未来哪个国家掌握了某个公有链的大部分算力，这个国家就对公有链具备了控制能力。但某个人或某个机构想掌握全网51%以上的算力是非常困难的，几乎不可能。

正因为算力如此重要，所以比特币系统运行以来，各路矿工都不遗余力地想办法增加算力，希望获得竞争优势。2009年比特币系统运行之初，中本聪设想的是用计算机的CPU挖矿，区块链的设计原则也是以算力为基础来实现“一CPU一票”，即一个CPU在区块链网络中贡献一份算力，并取得达成共识的一份投票权，从而保障全网能达到记账的共识。因此，当时用普通的CPU就能进行挖矿。但随着新的挖矿工具的出现，比特币系统的全网算力飞速增长，目前全网算力已经达到了25.59EH/s，相比于2010年1月份的9MH/s的全网算力，已经增长了大约2.8×10^{12}倍，并且目前还在以几个月翻一番的速度增长。下面列出了算力单位的换算方法，其中1H/s指的是每秒进行一次哈希计算。

1KH/s=1 000H/s

1MH/s=1 000KH/s

1GH/s=1 000MH/s

1TH/s=1 000GH/s

1PH/s=1 000TH/s

1EH/s=1 000PH/s

图8.1所示为比特币系统的算力增长曲线。

算力的竞争是从CPU挖矿转向GPU（GPU是计算机显卡中的图形处理芯片）挖矿开始的。在2009年初，大家都用CPU挖矿，全网算力比较平稳。但不久后，佛罗里达州的程序员Laszlo Hanyecz发现可以用GPU执行挖矿计算，且其算力是CPU的800倍。于是他开发出了使用GPU挖矿的程序，在最初一段时间里，这个程序每天可以挖出几千个比特币。这个程序员还做了一件闻名于世的事情，即他用10 000个比特币和另外一个程序员交换了两个比萨。至今还可以在区块链浏览器上查询到他发送给该程序员10 000个比特币的记录，它包含在第57 043个区块中，如图8.2所示。

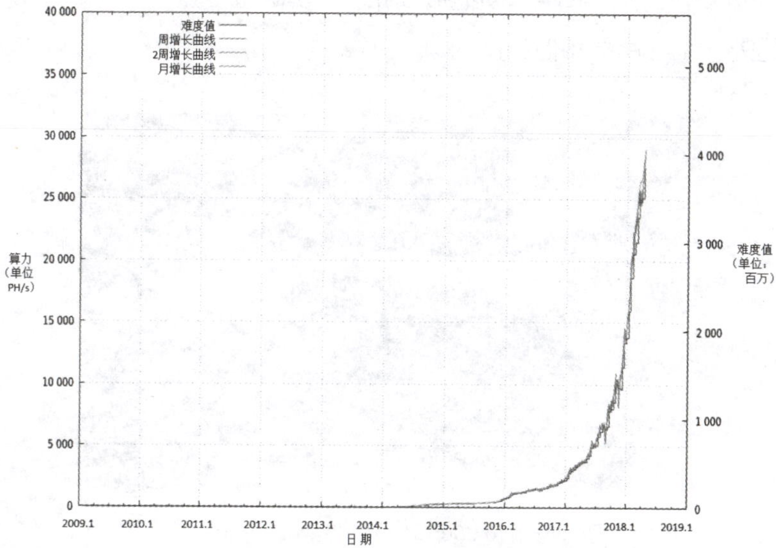

图8.1 | 比特币系统的算力增长曲线

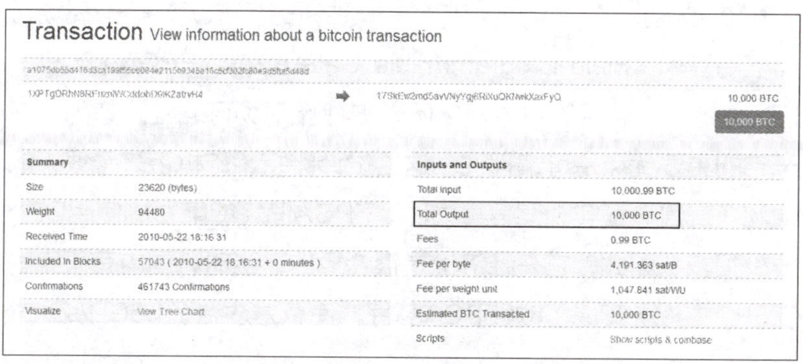

图8.2 | 区块链浏览器上查询到的交易记录

当时，比特币并没有广为人知，它仅仅是在一小部分计算机极客（技艺高超的计算机专家）中流传的技术实验性玩具而已。所以，该程序员还在论坛上发帖子"炫耀"了这件事情，并贴出了交换到的比萨图片，如图8.3所示。实际上，这两个比萨也是另外一个程序员和他交换的。

图8.3 | 用10 000个比特币交换到的两个比萨

随着比特币知名度的提升，大家挖矿的热情越来越大，很快GPU也被淘汰了，2011年出现了一种新的挖矿工具——现场可编程门阵列（Field Programmable Gate Array，FPGA）矿机。FPGA是一种通用的硬件，之所以被称作现场可编程门阵列，在于它的主要优点是可编程性，这给设计比特币矿机带来了很大的便利。况且，在实现同等算力时，FPGA消耗的电力比使用GPU要少很多，因此，它在经济上是很合算的。当时，国内有研究者在一个主板上集成了8颗FPGA芯片，使算力达到了1.6GH/s。

FPGA虽然有能耗低的优点，但在算力上领先GPU并不多，因此很快其替代品就出现了，这就是专用集成电路（Application Specific Integrated Circuits，ASIC）矿机。与计算机的CPU不同，ASIC是一种专用集成电路，可以直接使用电路来实现哈希计算，而不像CPU这类通用的计算模块，需要进行很多其他操作。ASIC是一种为特定计算而量身定制的电路，由于专用，所以执行速度非常快。ASIC矿机出现后，其单机的算力以令人恐怖的速度增长，且耗电量与GPU相比则大大减少。目前，其单机算力从最初的66GH/s增长到了14TH/s。各类矿机示意图如图8.4所示。

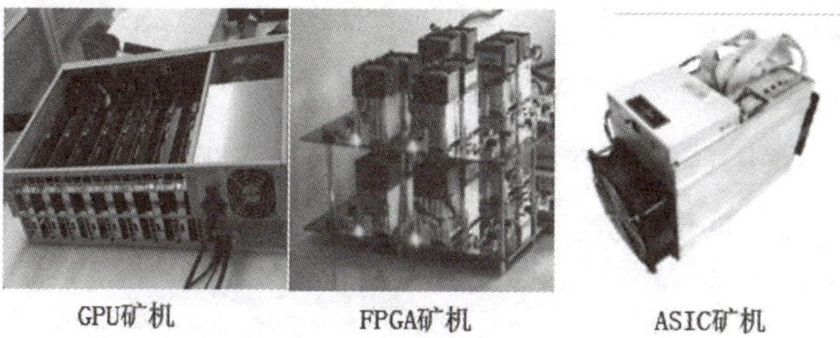

图8.4｜各类矿机示意图

8.2 抗ASIC算法的研究与发展

ASIC矿机的出现，引发了全网算力的高度集中，大的矿池通过集中运行成千上万台矿机而获得了极大的算力，甚至几个算力排名前列的矿池联合起来就可以轻松掌握超越全网51%的算力，这显然给比特币系统的运行带来了极大的风险。同时也引发了很多的质疑，因为比特币系统的特点是去中心化，但如果遇到二黑这种爱捣蛋的人，他会考虑说动几大矿池老板，从而把算力集中起来成为新的“中心”，那么二黑就具备了控制全网运行的能力，彻底改变了“去中心化”的初衷。当然，小明是不会让二黑轻易得逞的，他和区块链的爱好者一起开始寻找能“抵抗”ASIC矿机的哈希算法。

经过一番努力，找到以下几种算法。

Scrypt算法：这种算法的特点是在计算过程中对内存的需求很大，因此如果制造相关的ASIC矿机，成本将非常高，从而抵消了ASIC矿机相对于GPU矿机的优势。但是Scrypt算法也存在一个缺点，它不像比特币系统的SHA256算法那样经过了严格的数学证明，Scrypt算法的安全性并没有经过严格的验证，能否有效避免哈希碰撞还很难说。Scrypt算法出现之初，确实起到了“抵抗”ASIC矿机的作用，但是好景不长，随着莱特币价值的升高，制造相应的ASIC矿机变得有利可图，2013年年底，莱特币矿机也出现了。

X11算法：为了让ASIC矿机难以制造，看来只有增加算法的复杂性了，因此一些技术社区想出了一个办法，就是同时使用多种哈希算法，然后将它们串联起来，即对一个数据进行多次哈希计算，每次使用不同的哈希函数，从而组成新的算法。这样算法的复杂度大大增加，制造专用的ASIC芯片就会变得非常困难。例如有一种称为X11的哈希算法，它将11种哈希算法串联了起来（这11种哈希算法分别是BLAKE、BMW、GROESTL、JH、KECCAK、SKEIN、LUFFA、CUBEHASH、SHAVITE、SIMD、ECHO）。但这样串联起来使出现安全问题的概率增加了，因为只要其中一种算法存在安全问题，整个系统的安全性就保障不了。虽然X11算法通过增加算法种类使计算过程更复杂，但是相关的ASIC矿机还是在2017年被制造出来。

Ethash算法：既然通过增加计算的复杂度不足以抵抗ASIC矿机的研发，因此技术人员抛弃了依赖计算的算法，转而寻找依赖其他外部条件的算法。以太坊提出了一种称为Ethash的算法，这种算法的算力基本与CPU性能无关，而与内存大小和内存带宽成正比。因此它是一种内存依赖型的算法，由于ASIC矿机是依靠专用电路进行计算来取得优势的，从理论上讲，如果制造ASIC矿机需要大量的内存，那么制造成本将极高，因而相对于GPU矿机来说就没有任何经济优势了。但是2018年，使用Ethash算法的ASIC矿机仍然被研制出来，事实上，该矿机即使应用了大量的高带宽内存，也仍然在经济上和能耗上优于GPU矿机。

CryptoNight算法：这种算法最早出现在“加密节点”区块链中，该算法特别针对CPU架构进行优化，利用了CPU擅长的AES（进阶加密标准）进行计算，另外在计算当前区块哈希值时必须载入前几个区块的数据，因此，它需要高速内存进行存取，这充分利用了CPU的L3级高速缓存。因此，在这种算法下使用CPU还是GPU计算的差距并不大。因此，CryptoNight算法号称是普通计算机也能挖矿的算法，而且这种算法用于ASIC专用芯片的困难也比较大。但是，2018年仍然有制造商克服困难，将高速缓存集成在电路上，制造出了CryptoNight算法的ASIC矿机。

X16R 算法：在对抗ASIC矿机的“战斗”中，区块链爱好者可以说是屡战屡败，但是他们仍在寻找新的抗ASIC算法。

ASIC的优势来源于其计算逻辑是固定在电路中的，不能随意更改，因此技术人员又想出了一个计算时逻辑会动态变化的算法，希望以此来阻止ASIC矿机的研发进程，这种算法称为X16R 算法。该算法由16个哈希算法组成，这些算法仍然是以串行的方式运行。但是与X11算法不同的是，这些算法的串行顺序在计算时是随机改变的。算法在串行计算时的排序依赖于前一个区块的哈希值的最后8个字节。X16R算法为组成它的16个哈希算法分别指定了一个对应的十六进制的数字。例如数字0对应BLAKE算法，数字1对应BMW算法，数字F对应SHA512算法等。假设在挖矿时求得上一个区块的哈希值是00000000000000a9d27e8a29f052ac2870045ae3970270f901F01319b8e8598a，则该哈希值的最后8个字节是01F01319b8e8598a，于是在本区块挖矿时选用对应的哈希算法的顺序是BLAKE→BMW→SHA512→……这种方法使得在每一个新区块进行挖矿时所用的哈希计算都是不同的。对于ASIC这种固定逻辑的电路来说，问题就比较复杂了，因为可能的算法组合有16^{16}个，这么多的算法组合是难以形成固定电路的。

从上面的分析可以看到，正所谓“道高一尺，魔高一丈。”小明们和二黑们的算法大战正在不断进行中，当一种新的抗ASIC算法出现后，只要经济上有利可图，总会有人研制出对应的ASIC矿机。当然，这种竞争总的来说对提升区块链的算法技术是有促进作用的。如果ASIC矿机的技术不被垄断，并且很多生产商，甚至人人都可以方便获得，那么使用ASIC挖矿和使用GPU挖矿并无区别。当然，要实现这一愿望，则有赖于未来技术和产业竞争的进一步发展。

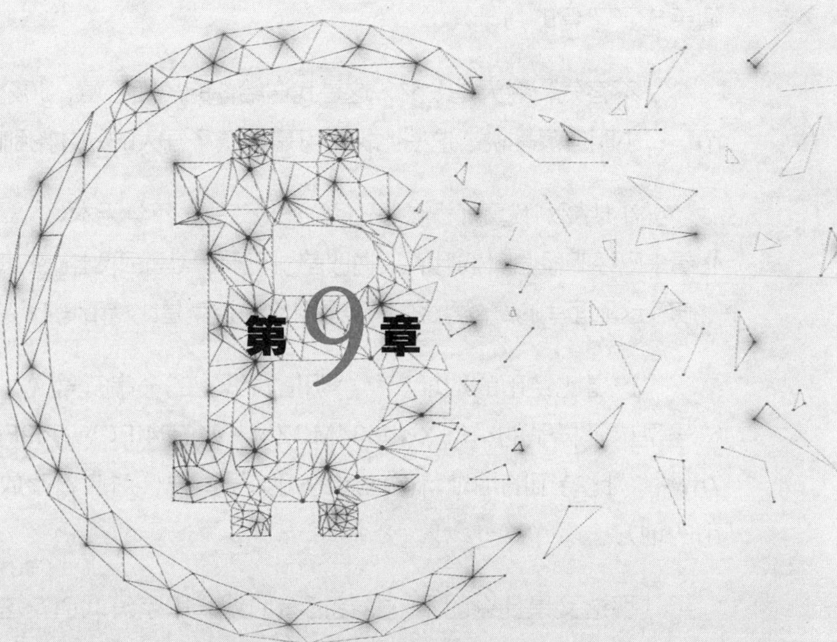

第9章

金屋藏娇：比特币的接收与保存

“小明哥，谢谢你。”翠花接过小明递过来的一个信封，眼睛笑成了弯弯的月牙儿。

“不客气，今天是七夕，这是我送给你的一点心意，10个比特币！”小明自豪地说，这些比特币可是他费了好大的劲才挖到的。

“小明哥对我真好，懂得又多，不像二黑，不学无术。”翠花的心看来已经明显偏向小明了。她把信封打开，从里面取出一张纸条，“咦？这上面写的奇奇怪怪的符号是什么？这就是比特币吗？”

“这是比特币的地址。”小明指着纸上的一串符号说，这串符号是这个样子的：3FXwbp34MCZocKv4TP4tFCWNd9FqxLo7my。“比特币的地址就像房屋的门牌号一样，对应着存放比特币的地方。

“那这又是什么呢？”翠花指着另外一串字符问道。这串字符是这个样子的：Kz6PfWC92jAd1qBAY6QaEHCCApr9vQXX2NhcAAWcBp29CCQSPQkX。“这是那个地址对应的私钥，只要拥有了这个私钥，就可以使用地址里的比特币了，不过你要当心，这个私钥不能给其他人看。否则他就能偷走你的比特币了。”小明再三叮嘱。

“听起来好复杂啊，这些地址和私钥是怎么产生的呢？我又怎样才能使用这个地址里的比特币呢？”今天翠花变成了问题女孩。

“这个其实很简单，地址从根本上说，是由私钥决定的。如果你要使用这些比特币，你还需要下载一个客户端。”对于翠花，小明一向是不厌其烦的。“你别着急，我慢慢给你讲怎么通过客户端保存和使用比特币。”

■ 9.1 比特币账户地址是如何生成的

在介绍比特币的UTXO数据结构时，曾经讲到，如果要发送比特币给某人，应该在接收者一栏内填写接收者的钱包地址。在比特币系统中，地址就好比一个虚拟仓库，用来存储某人所拥有的比特币。那么，如果想得到一个地址，该怎样生成呢？实际上，在比特币系统中，某个用户的地址是由该用户的公钥生成的，而该用户的公钥又是由其私钥生成的，私钥则是该用户选择的一个随机值。下面来讲解一下比特币地址的生成算法，如图9.1所示。

（1）随机生成私钥：随机生成一个256位的二进制数，这就是用户的私钥。

（2）由私钥生成对应公钥：第一步生成的私钥通过椭圆曲线算法SECP256K1计算得出公钥。这个过程是不可逆的，也就是说由公钥不可能反向计算得出私钥。

（3）由公钥生成公钥哈希值：对公钥进行两次哈希计算，第一次使用SHA256算法，第二次使用RIPEMD160算法，这样就得到了公钥哈希值。

（4）由公钥哈希值生成地址：在公钥哈希值上再附加比特币网络版本号和校验值，最后进行Base58编码，就得到了比特币地址。由公钥哈希值生成比特币地址的过程也是不可逆的。

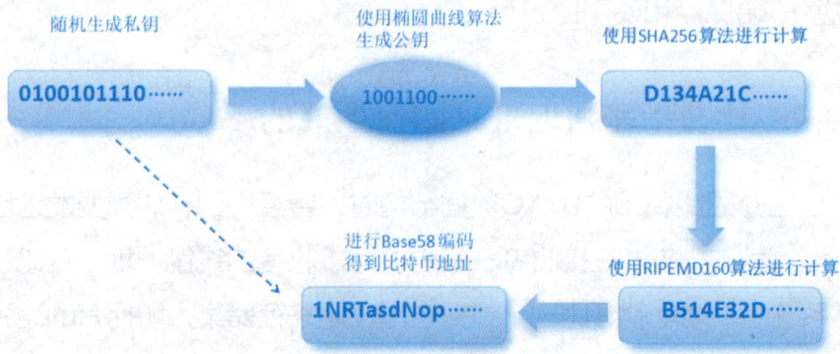

图9.1 | 由私钥生成地址的过程示意图

从上面过程来看，其实一切都源于私钥。只要私钥确定了，相应的公钥和地址就可以生成。在比特币系统中，私钥起着关键的作用，它就好像一个人的身份证一样，是在区块链上证明“你是你”的唯一凭证。因此，在任何时候，只要能记住你的私钥，你就能妥善保存你拥有的所有比特币。反之，如果你不慎泄露了你的私钥，那么你所有的比特币就可能会被盗走。

■ 9.2 比特币客户端软件

现在，介绍了比特币私钥、公钥和地址的生成方法，也介绍了可以通过地址来接收比特币。但在实际操作中，想通过地址和私钥使用比特币，就需要借助一个软件，这样的软件被称为比特币客户端（简称客户端）。客户端有很多种类，一个功能完整的客户端称为全节点客户端，它包括收发比特币（俗称的钱包功能）、同步完整的区块链数据、运行RPC服务进程、与其他节点进行通信等功能。因为全节点服务器需要数百吉字节的硬盘空间来存储区块链的全部数据，占用的资源太多，所以很多普通用户只使用轻型客户端，通常只实现收发比特币的功能。这样的客户端俗称为轻钱包。

说一百遍不如动手一遍，为了建立直观的认识，不妨从网上下载一个客户端来实际操作一下。可以从比特币技术团队的官网下载客户端，下载的客户端是一个全节点类型的客户端，也就是说，除了挖矿，这个客户端可以完成区块链的所有操作。登录官方网址下载客户端，如图9.2所示。这个网站提供了多种语言的版本，如果你看到的不是中文界面，则在网站右上角的“语言”下拉选项中选择“中文”即可。

图9.2 | 下载比特币全节点客户端

在这个下载界面中，需要下载的客户端软件为Bitcoin Core客户端，中文名称为比特币核心客户端。之所以称为核心客户端，是因为该客户端是由中本聪发布的原始版本改进而来的。其他开发人员也编写了多种客户端，但为了了解原汁原味的比特币技术，建议还是从这个客户端入手学习。下载界面中还给出了多个操作系统的选项，可以根据自己计算机所使用的操作系统进行选择。考虑到本书讲解使用的操作系统是Windows 7，版本号是64位，因此选择了“Windows 64bit”这个选项，在该选项上单击，然后就可以单击“下载Bitcoin Core”按钮进行下载了。

下载后将得到一个可执行程序，运行该程序，将把客户端安装到计算机中。这里在E盘上新建文件夹bitcointest，然后把客户端安装在这个文件夹中。

安装后，在文件夹bitcointest中新出现了一个子文件夹bitcoin，该文件夹下有一个可执行程序bitcoin-qt.exe，这就是将要运行的图形客户端。双击该程序即可运行，如果是第一次运行，将会弹出如图9.3所示的对话框。

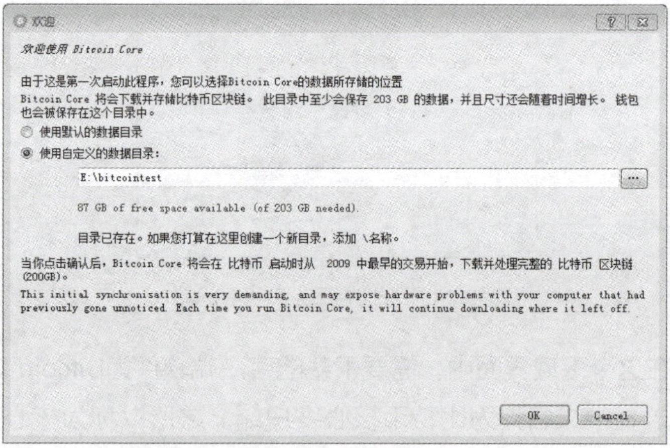

图9.3 | 第一次运行的配置界面

该对话框提醒你选择数据目录。这个所谓的数据目录是客户端运行后同步区块链数据时用来存放数据的文件夹。因为区块链的数据很大，目前已需要203GB的硬盘来存储它，因此需要选择一个有足够剩余空间的硬盘来存放。图9.3中选择的硬盘空间不足，因此有提醒信息出现。

客户端运行后，进入主界面，如图9.4所示。

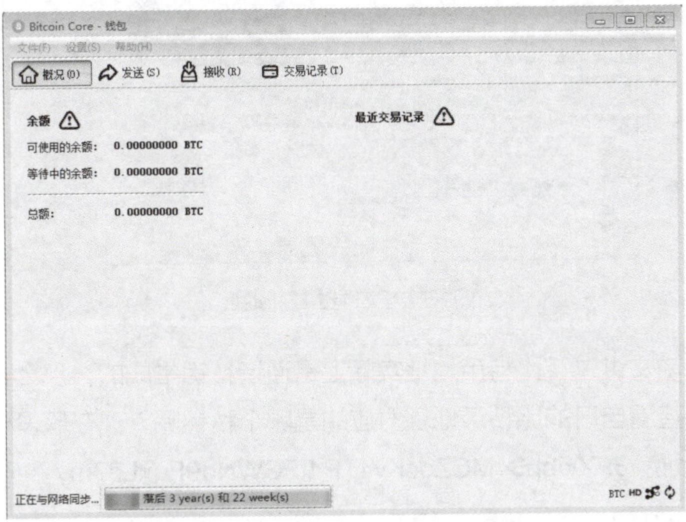

图9.4 | 比特币客户端主界面

主界面左下角有“正在与网络同步”字样，表示客户端正在下载区块链数据，后面的进度条显示的是还需下载的数据是哪个时间段的。

运行钱包后，首先需要获得一个比特币地址，可以选择主界面的“接收”菜单，然后在“接收”页面里单击“请求付款”按钮，此时就会弹出一个付款信息对话框，里面有一个新的比特币地址（见图9.5），这个地址是客户端新生成的。可以把这个地址记下来，以后需要别人给你发送比特币时，就可以把这个地址给别人。

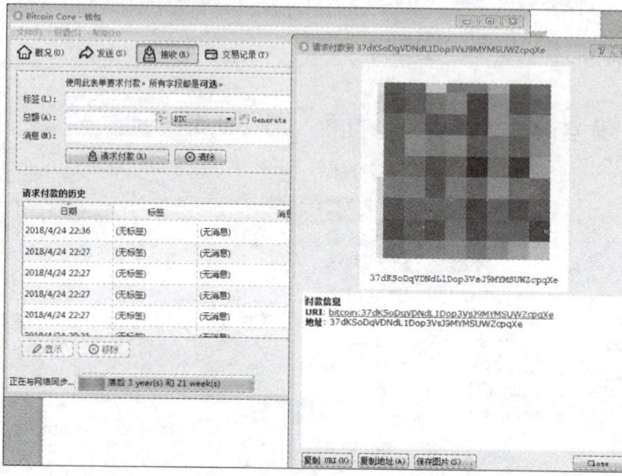

图9.5 | 客户端生成新地址

前文讲过，比特币地址实际上是通过私钥生成的，那么，怎么来查看自己的比特币地址对应的是哪个私钥呢？现在假设有一个地址：3FXwbp34MCZocKv4TP4tFCWNd9FqxLo7my。

那么可以通过客户端的控制台功能来查看对应的私钥。选择“帮助”菜单里的“调试窗口”，里面有“控制台”选项，如图9.6所示。在控制台的下方输入栏内输入命令：

dumpprivkey 3FXwbp34MCZocKv4TP4tFCWNd9FqxLo7my

客户端控制台就会显示出这个地址对应的私钥：

Kz6PfWC92jAd1qBAY6QaEHCCApr9vQXX2NhcAAWcBp29CCQSPQkX

请注意，这个新地址是客户端生成的，其本质上还是客户端先生成私钥，再根据私钥计算得出地址。所以才能从地址查到对应的私钥。如果是别人的地址，输入这个命令，是不可能查到对应的私钥的。

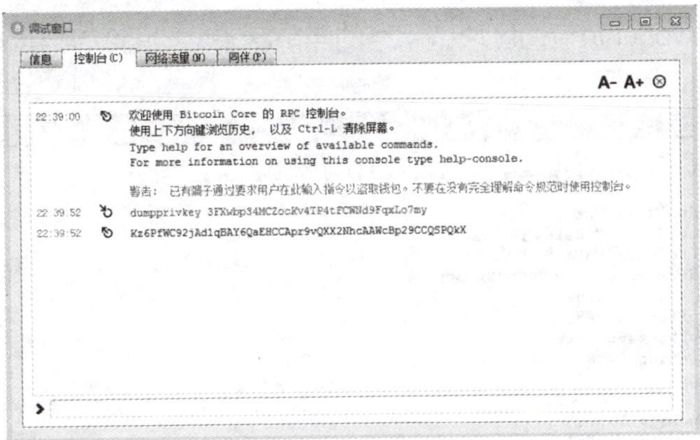

图9.6 | 查看私钥

在查到这个私钥后，应该将该私钥妥善保存，千万不可泄露给其他人。在计算机文件中保存私钥并不是很安全的办法，比较好的办法是用一张纸条抄写一遍，然后把纸条妥善保存。这样任何黑客也不可能得到你的私钥。只要私钥在你手里，将来即使忘记了这个钱包的密码，也可以通过导入私钥的功能重新恢复你的账号和比特币。

9.3 守护进程与RPC客户端

在安装客户端的文件夹中，还可以看到一个子文件夹daemon，这个文件夹中有两个程序，一个是bitcoind，另一个是

bitcoin-cli。bitcoind和bitcoin-qt具有完全相同的功能，只是bitcoind没有图形界面，它是一个命令行的守护进程。而bitcoin-cli是一个RPC客户端，它通过RPC的方式来访问bitcoind所提供的服务，比特币系统里的大部分功能，需要通过RPC的方式进行访问。例如，首先运行bitcoind，然后就可以通过命令bitcoin-cli getnetworkinfo查询区块链网络的当前状态，如图9.7所示。

管理员: Node.js command prompt

```
E:\bitcointest\Bitcoin\daemon>bitcoin-cli getnetworkinfo
{
  "version": 160000,
  "subversion": "/Satoshi:0.16.0/",
  "protocolversion": 70015,
  "localservices": "000000000000040d",
  "localrelay": true,
  "timeoffset": 468,
  "networkactive": true,
  "connections": 8,
  "networks": [
    {
      "name": "ipv4",
      "limited": false,
      "reachable": true,
      "proxy": "",
      "proxy_randomize_credentials": false
    },
    {
      "name": "ipv6",
      "limited": false,
      "reachable": true,
      "proxy": "",
      "proxy_randomize_credentials": false
    },
    {
      "name": "onion",
      "limited": true,
      "reachable": false,
      "proxy": "",
      "proxy_randomize_credentials": false
    }
  ],
  "relayfee": 0.00001000,
  "incrementalfee": 0.00001000,
  "localaddresses": [
  ],
  "warnings": ""
}
```

图9.7 | 通过bitcoin-cli执行RPC命令

第10章 同心协力：区块链共识机制

POW

POS

DPOS

PBET

正值八月秋高气爽的时候，一轮明月挂在空中，皎洁的月光洒满了地球村。小明和翠花正坐在房顶，欣赏着洁白的月亮，说着绵绵的情话。

也许是因为月亮太圆，小明一激动，大声对着天空喊道："翠花，我爱你一生一世！""你终于说出来了，以后可不许反悔！"翠花拍着手，开心地说。

突然间，房顶底下也响起一阵掌声。"就是就是，不能反悔。""我们全听到了，这回你可无法抵赖了。"村民们杂七杂八的议论声随之在房顶底下响起。原来不知何时，村民们都聚集过来了。

其中翠花妈妈最激动，扬着手大声说道："我提议大家今天回去都把小明的话记下来，一起做个见证。""没问题，一定要记。"小明妈妈似乎也很满意。"回去那当然得记啊！"二黑拉长了声音说，心里在嘀咕：看我不给你记成"小明恨翠花"。村委会主任王大爷考虑比较周到，他环视大家一圈，背着手说："大家回去可得如实记录，不许编瞎话啊。"

"不用担心，我有办法让大家都做正确的记录。"小明妈妈显得胸有成竹。

"哦，你有什么好办法？"王大爷急忙问道。

"这个就和区块链的原理一样，如果想让大家一致记录下正确的信息，就必须设计一个好的共识机制。"小明妈妈卖着关子说道，"不过我们还得从很早以前的拜占庭将军问题说起。"

■ 10.1 拜占庭将军的难题

比特币系统本质上是一种公有链，即区块链不限制参与者，任何节点都可以参与到链的运行中，都有机会获得记账的权力。对应的还有由少数节点掌控的联盟链和只限于认证用户使用的私有链。其中公有链是最开放的，它需要面对一个问题：区块链中的所有节点如何达成共识，即如何让所有的节点在记账时保持一致性，都记录下正确的信息。在中心化系统中，达成一致性是很简单的事情，例如在淘宝上面，由淘宝的中心服务器记录每个买家和卖家的账户余额和购买的商品，买卖完成后淘宝会扣掉买家的付款金额而给卖家增加收款金额，大家都以淘宝的记录为准，和它保持一致。如果是去中心化系统，情况就变得复杂了，缺少权威的记账者后，大家就必须使用一套规则来确保各自的账本保持一致。这在计算机科学中称为一致性问题。在区块链中，这种保持一致性的规则称为共识机制（consensus），consensus这个单词，在有些区块链文章中翻译为共识算法，但是这样翻译容易和工作量证明中的哈希算法弄混，给读者带来理解上的困难，因此，本书将其译为共识机制。

在计算机科学中，讨论一致性常用的模型是拜占庭将军问题。这个问题是这样描述的：拜占庭帝国的军队分布在各地，每支军队由一名将军带领。为了攻击某一个城堡中的敌军，各个将军必须通过信使传递消息，对进攻时间等问题协商一致后才能采取行动，保证一起攻击从而取得胜利。但是将军中会有一些叛徒，他们试图欺骗其他忠诚的将军，扰乱整个行动。在这种情况下，如何保证即使存在一些叛徒，忠诚的将军们仍然能够达成一致并取得胜利呢？如图10.1所示。

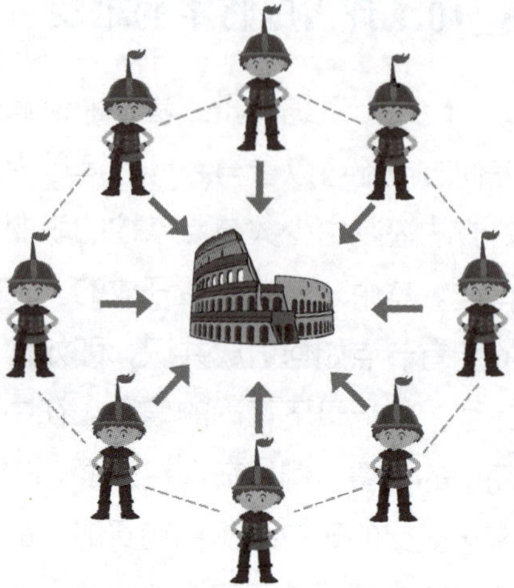

图10.1 | 拜占庭将军问题

这个问题对应到计算机系统中，实际上就是指在一个分布式系统的多个节点中，如果部分节点存在失效或者恶意行为，那么如何保证其他节点仍然能够保持一致性。在区块链中，技术人员研究出了多种共识机制以解决这个问题，常用的共识机制有工作量证明（Proof of Work，PoW）、股权权益证明（Proof of Stake，PoS）、委托权益人证明（Delegated Proof of Stake，DPoS）实用拜占庭容错和（Practical Byzantine Fault Tolerance，PBFT）。

为了便于理解，还是采用生活中的例子讲解各种共识机制。考虑到拜占庭将军问题离生活较远，接下来还是以小明的爱情故事来举例说明：在地球村里，小明对翠花说了句“我爱你一生一世”，这句话被自动发给双方的爸妈、邻居、朋友以及所有愿意参与的人，并被大家记录下来，小明从此再也无法否认。但是理想很美好，现实很骨感。由于参与记录的还有小明的情敌二黑，小明的红颜知己金花、银花、茉莉花等人，他们会故意写下错误的记录并误导他人，如图10.2所示。那么，怎么保持最终的记录是一致的、正确的呢？下面分别来看看各种共识机制是如何解决这个问题的。

图10.2 | 小明的爱情故事

10.2 PoW共识机制

PoW共识机制，即工作量证明共识机制，它被比特币系统所采用，其具体原理已经在前文中进行了说明。PoW共识机制的基本原则是，必须要通过一定的工作量来获得记账权力，通过基于工作量的投票来获得全网共识。也就是说，大家在记录小明的话语前，必须先要完成一定的工作量。例如，在准备记录前，每人都必须拿一把骰子（共6个）掷下去，且要保证其中至少有3个骰子掷出数字1。大家一直持续不断地掷，假如二黑最先掷出符合要求的结果，那么二黑获得记账权力。随后大家都要对他记的账进行检查，如果超过50%的人认为二黑记的账是正确的，那么这个账正式写入账本，二黑得到奖励，大家开始下一轮掷骰子以争夺下一次记账权。如果超过50%的人认为二黑记的账不正确，则取消二黑记的账，大家继续掷骰子争夺本次记账权。

PoW共识机制使用了以下几个原则来确保系统正常运行。一是记账前要完成一定的工作量，这保障了参与记账的人首先要有一定的付出，以确认他会重视并珍惜这次记账的权力；二是保障了一份工作量一票的原则，使投票权能平均分配；三是记账的结果要经受大家的检查，如果记得正确，会得到奖励，如果记得不正确，那么之前的工作量就白费了。在这个规则下，诚实的人得到奖励，不诚实的人白白浪费了工作量而得不到任何好处。因此，大部分人会守规矩，从而保障系统正常运行。比特币系统十年来的运行也证实了这个规则确实达到了预期的效果。

PoW共识机制的好处是其能够保障在一群不可信任的参与者中达成记录一致的正确结果，因此，它非常适合公有链的运行环境。它的缺点就是工作量证明（挖矿）要耗费大量无用的计算，例如比特币系统里的哈希计算就耗费了大量的能源，而计算结果本身并无实用价值。此外，PoW共识机制达成共识的效率较低，交易确认的时间长，不能满足实时性要求很高的应用。最后，PoW共识机制还有一个潜在的威胁，因为它采取一份工作量一票的原则，那么工作效率高的人可能会垄断记账权，从而破坏去中心化的原则。假如二黑有超级手速，每秒能掷100次骰子，其他人每秒只能掷1次，那么大部分情况下都是二黑掷出符合要求的结果，二黑就会垄断记账权。

10.3 PoS共识机制

PoS共识机制，即股权权益证明共识机制。为了克服PoW共识机制的缺点，技术人员发明了PoS共识机制。PoS共识机制的特点是参与记账的人事先需要付出一些抵押物，如图10.3所示。采用PoS共识机制的区块链同样使用挖矿方式来产生新币，但是与采用PoW共识机制的区块链不同，PoS共识机制要求矿工在挖矿前必须先拥有一定量的币，这些币相当于抵押物，以保证矿工的利益总是与区块链的利益联系在一起，矿工不会故意去破坏链的运行，因为这样相当于破坏自己的利益。在PoS共识机制中，你拥有的币的多少决定了你挖矿的效率，持币越多的人，生成区块的能力越强，得到的奖励也就越多。

图10.3 | PoS共识机制

PoS共识机制是这类共识机制的总称，在不同的区块链中，对于PoS共识机制的实现是各有不同的。接下来以使用PoS共识机制的区块链——点点币区块链来举例说明其运行方式（市场上存在传销组织利用点点币进行诈骗，请读者注意辨别，此处仅作例子说明）。在点点币区块链中，引入了币龄的概念，币龄即持有的币的数量乘以持有币的天数。例如，小明有50个点点币，而且这些币他已经持有了70天，那么他的币龄为3 500（50×70）。

当小明挖矿时，挖矿的计算公式为：

块哈希值＜币龄×目标值

根据比特币系统挖矿算法中的描述，由上述公式可见，持有的币龄越大，越容易找到符合要求的随机值，挖到区块的机会越大。挖到区块后，系统会根据币龄给予一定的利息奖励（例如奖励币龄的1%的币），同时小明的持币天数清零，小明需要重新积累持币天数。

对应到前文的例子，如果在地球村里大家按这个办法记账，那么想要记账的人必须在账本上拥有一定的资产记录。然后大家一起掷骰子，普通人需要一次至少掷出3个1，而资产越多的人需要一次掷出的1的个数越少。假如二黑资产记录最多，持有的时间最长，那么他只需要掷出一个1，因此二黑有很大机会获得记账权。如果他不按规矩胡乱记账，就会造成大家对账本不信任，账本上记录的资产贬值或作废，二黑本人账上的资产也会受到损失，所以二黑会认真记账来确保自己的权益。如果二黑宁可损人也不利己，仍然记假账。当他记好后，仍然要接受检验，大家发现他的账是错误的，会丢弃他的记录重新进行记账，二黑的作恶还是不成功。当二黑记完账，他的资产持有时间清零，必须从头开始积累天数。所以，下一次记账将由其他人来记，这样也保证了公平性。

PoS共识机制的优点是不会产生通缩现象，即全系统中新增的“虚拟货币”不会越来越少。因为系统总是根据矿工的币龄来发放挖矿奖励，系统内总是会有新币产生，且基本维持一个较为稳定的增长速度，不会像比特币系统那样随着时间推移挖矿产生的新币越来越少。比特币系统在挖完所有的2 100万个币后，挖矿将只剩下“交易费”的奖励，这是很少的，那么届时还有多少矿工坚持挖矿，将会是一个问题。而PoS共识机制就没有这种担心。但是PoS共识机制也有它的缺点，一是PoS共识机制还是需要挖矿；二是部分PoS共识机制由于大大降低挖矿难度，矿工会在区块链发生硬分叉后同时挖两条链，这样会导致社区不断分裂，降低影响力。

10.4 DPoS共识机制

DPoS共识机制，即委托权益人证明共识机制。DPoS是PoS的一个变种，在DPoS共识机制下，并非所有的持币者都有记账权，而是由所有持币者选出一部分代表，这些被选出来的代表具有记账权。这些代表并不需要通过工作量（猜测随机值挖矿）来获得记账权，而是由系统安排，按次序轮流记账。例如，在区块链中由甲、乙、丙、丁等代表记账，那么他们将按照“甲→乙→丙→丁→甲→乙→丙→丁……”的次序不断轮流记账（生产区块）。且每个代表生产的区块都需要通过系统中的验证器进行验证，以保证符合规则要求。这种记账次序每过一段时间系统就会进行重排，以防止作弊。区块链的延续仍然按照“最长链法则”进行。

正常情况下，代表们按系统排序记账（生产区块）。如果代表中有少数人想搞破坏，故意记假账，那会出现什么情况呢？在记假账的情况下，该代表的区块格式虽然符合规则要求，但是会使区块链产生分叉。由于不诚实的代表是少数的，因此诚实的代表们所记录的那条链的增长速度会快过不诚实的代表所分叉出来的链，按照最长链法则，诚实的代表们胜出，区块链系统维持了正常运行。在DPoS共识机制下，当不诚实的代表少于三分之一时，系统总能维持正常运行。而当不诚实的代表超过三分之一时，他们的作弊行为可能会使系统中出现多条分叉，看起来都通过了多数确认。此时，DPoS共识机制规定了投票重选机制，通过重新投票来替换掉不诚实的代表，从而使诚实的代表记录的链最终胜出。

对应到地球村的例子，如果大家采用DPoS共识机制记账，那么由村民们在账上有资产的人中选举出代表进行记账。例如选出了二黑、小明妈妈和金花记账。这次大家不需要掷骰子了，而是按照“二黑→小明妈妈→金花”的次序不断轮流记账。如果二黑不诚实记账，他记录的账得不到认可，会被后面的记账者丢弃并进行重记。同时，村民们会重新进行投票，换掉二黑，选出其他诚实的人来记账。

DPoS共识机制抛弃了挖矿，大家不再需要猜测随机值，因此带来的好处是记账速度快。每秒能处理超过10万笔交易的记账，远远超过比特币系统每秒7笔的记账速度。但是DPoS共识机制的缺点在于，它实际上已经成为一种半中心化系统，记账权由少数代表控制，离去中心化的初衷有点远了。

10.5 PBFT共识机制

PBFT共识机制，即实用拜占庭容错共识机制。在PBFT共识机制中，参与记账的节点是预先已经确定了的。显然，这种共识机制不适用于面向大众的公有链，而是适用于由几家机构共同建立并维护的联盟链。

在PBFT共识机制中，发出记账请求的称为客户（client），执行记账操作的称为复制节点（replicas），简称节点。共识在节点之间产生，遵循的是少数服从多数的原则，共识产生后进行记账并将结果反馈给客户。节点间产生共识时分为3个步骤，即预准备（pre-prepare）、准备（prepare）和确认（commit）。现在假设有一个客户发送了一笔记账请求，有4个节点需要形成共识并记账，那么基本步骤如下。

（1）预准备阶段（pre-prepare）：节点1、2、3、4中任意一个收到客户发送的记账请求后，会在网络中进行广播，将记账信息扩散到其他节点。假设是节点1扩散了信息。

（2）准备阶段（prepare）：节点2、3、4收到节点1发的信息后，会记录该信息并再次广播，这时节点2广播给节点1、3、4，节点3广播给1、2、4，假设节点4临时宕机，它没有广播信息。

（3）确认阶段（commit）：节点1、2、3、4统计自己收到的相同信息，如果超过一定数量，那么认为这个信息在各节点间达成一致，可以得到确认，于是各节点之间互相广播commit请求。此时节点4消极怠工，仍然不广播。各节点若收到超过一定数量的相同commit请求，则认为可以最终确认，于是大家完成记账操作，并把记账结果对客户进行反馈。

在PBFT共识机制下，只要失效节点不超过三分之一，网络总能达成正确共识。

对应到地球村的例子，如果大家采用PBFT共识机制记账。当小明对翠花说了“我爱你一生一世”后，翠花马上打电话告诉小明妈妈，要求记录下来。于是，小明妈妈打电话给村委会的老王、老张和老刘。三人接到电话后，又分别互相打电话确认信息，直到最后大家互相确认信息，且认同这个信息的人超过一定人数后，大家达成一致。于是，大家都把这条信息记录下来，并告诉翠花信息已经记下了。今后小明妈妈、老王、老张和老刘中任何一个人都可以证明小明说了这句话。

PBFT共识机制的好处是记账速度快，且在进行共识过程中不需要有发行“虚拟货币”的激励机制。其缺点在于仍然是半中心化系统，且节点的数量不能太大，否则全网中的广播信息过多，将严重影响效率。

第11章 进化之路：比特币扩容与升级

现在，地球村都知道小明和翠花在一起了，小明准备去翠花家拜访翠花妈妈。“头一次登门，应该给长辈送点礼物吧？”小明和翠花坐在小茶馆里商量着。因为马上要春节了，翠花约小明去她家拜访，以便确认双方的关系。那么，初次登门小明应该送点什么礼物来加深印象呢？

“听说你妈是个时尚的人，我送你妈一点比特币吧，紧跟时代潮流，你妈应该会高兴。”小明提议。“嗯，这个主意不错，顺便还能给我妈普及点现代科技。”

到了翠花家，小明低头摆弄着手机。“阿姨，我已经帮您在手机上装好了比特币客户端，等会儿就能看到我送您的比特币了。”说完，小明在自己的手机上单击发送按钮，把作为礼物的比特币发送出去。“比特币在哪里呢？没看到啊。”翠花妈妈挺有兴趣地盯着自己的手机。“是这样的，比特币交易后需要经过矿工打包处理，要等会儿您才能看到。”小明胸有成竹地解释。“哦，是这样啊，那我们先吃饭。”

饭后，翠花妈妈拿起手机，“好像还是没有啊？”“怎么会呢？”小明咕哝着接过翠花妈妈的手机，“还真是没收到。我明明发送了比特币啊！”小明为掩饰自己的尴尬，胡乱地点着手机界面，“也许还要再等一等吧。”

第二天一大早，小明接到翠花的电话。“怎么还是没收到你的比特币，你可别忽悠我妈啊！”“再等等，再等等，会收到的。”小明头上冒出汗来。

第三天，翠花妈妈手机里仍然不见比特币的踪影，小明急得要撞墙。

第四天，小明妈妈带着小明上门道歉。“翠花妈妈，对不起啊，我儿子办事不稳妥，我让他重新发，这次一定成功！”“您别这么说，今天早晨我收到小明送的比特币了。就是不知道为啥发送比特币这么慢。”

“是这样的，”小明妈妈松了口气，“比特币虽然有很多优点，但是缺点也不少，交易时间过长就是最大的问题，不过，技术人员已经在想办法解决了。”

■ 11.1 发展瓶颈

比特币系统运行以来，取得了巨大的成功，前文已经描述了它的诸多优点，例如可传递信任、不易篡改、永久保存等。但是事物总是有两面性的，在享受优点的同时，也会带来一些缺点。下面进行具体分析。

（1）数据占用空间大。

比特币系统的全节点必须保存区块链的全部历史区块数据，因为矿工在挖矿过程中必须用完整的历史区块数据来检验是否存在双重支付。随着运行时间的增长，区块链越来越长，数据则越来越庞大，占用了大量的硬盘空间。因此，如果普通用户使用一个全节点钱包（如Bitcoin Core），那么在正常使用前必须用很长的时间（好几天）下载大量的历史区块数据，用户的使用体验非常糟糕。此外，区块链的不断增长又会导致矿工在检验数据时花费的时间越来越多，交易处理效率也会下降。当然，这个问题会因为现代计算机的处理速度不断增长而对冲掉，因此影响不大。

总之，在全球上万个全节点上保留全部历史数据使得区块链数据高度冗余，某几个节点或者某个国家的全部节点瘫痪后并不影响系统的运行，带来的优点是用户的比特币可以被视为能够永久保存，缺点则是浪费存储空间且使用体验不好。目前大部分用户为了避免这个缺点，都是使用轻钱包，所谓的轻钱包就是一种客户端，该客户端并不下载所有的区块数据，而是仅仅下载区块头数据以及与自身相关的交易数据，因此对于普通用户来说，轻钱包更为合适。

（2）没有容错机制。

这里的“没有容错”是指用户不能犯错误。区块链通过哈希指针和数字签名的运用，保证了进入链的区块数据很难被篡改。其好处是增加了可信度，防止出现数据篡改和抵赖现象。其缺点在于区块数据的可维护性下降。如果系统的开发人员在区块链应用程序中出了差错，编写的错误代码造成操作错误，并影响到区块数据，那么这些错误不可挽回，因此区块链对运行在其上的应用程序质量要求非常严格。除了应用程序外，区块链对普通用户的要求也很高，区块链没有用户认证机制，唯一能证明“你是你”的东西就是用户的私钥。用户必须妥善保存自己的私钥，如果忘记私钥，那么保存在区块链上的比特币将无法使用。如果泄露了私钥，比特币被偷走后则无法被追回。因此，“不易抵赖”的优点也带来了“不能出错”的缺点。

（3）交易处理速度慢。

在比特币系统中，每10分钟生成一个区块。同时，为了确认该区块最终可以进入主链，而不是成为孤块，需要经过6次确认。因此，一笔交易最终得到确认需要1小时。如果将比特币系统用于实际生活中的商业应用，这个等待确认的时间实在是太长了，以至于不会有人去用它。在比特币系统的实际运行中，交易被记录上链的时间实际上更长。因为区块每10分钟生成一个，每个区块里能容纳的交易数量有限，用户的交易并不能保证马上被当前区块打包，更多的时候是在交易池中等待，要等很长时间才能被打包，然后经过6次确认后最终记入链上。

在比特币系统中，规定区块大小为1MB，对交易记录的大小并没有进行规定，但从目前统计数据来看，每个区块包含的交易数量平均为1 700条左右。在每10分钟生成一个区块的条件下，每秒能处理的交易数量为1 700/（10×60）≈2.83条，即每秒大约能处理3条交易。而比特币网络中产生新交易的速度远远超过每秒3条，因此大量的交易被延迟处理。如果缩短区块生成时间，那么由于新区块生成速度高于传播速度，将会在区块链网络中产生大量分叉，全网算力被分摊，将降低网络的安全性。

目前，能做到完全去中心化的公有链系统基本上都使用PoW共识机制，而在该机制下区块生成时间是受限的，这是公有链的一个基本问题。当前一些区块链项目宣称达到了每秒几万笔的速度，且拿来和比特币对比以显示其先进性，这是不公平的，因为这样的区块链一般都是半中心化的。在处理速度提高的同时，也丢掉了去中心化的优势。

11.2 硬分叉、软分叉与隔离见证方案

在比特币系统的3个缺点中，比较突出的是交易处理速度慢。为克服这个缺点，技术人员想出了各种办法，其中占主流的是以下两个解决方案。

1. 比特核心（Bitcoin Core）解决方案

Bitcoin Core是一个比特币开发者组织，中本聪隐退后，比特币的核心代码一直由这个组织维护。他们的技术高超，而且十分了解比特币的底层代码，在比特币社区中有着极高的威望。他们坚定地维护比特币去中心化的思想。为了解决比特币系统的拥堵问题，他们提出了一套称为“闪电网络”的解决方案，本书将在第12章详细介绍闪电网络。为了运行闪电网络，必须要对比特币系统进行一些技术改造，比特核心提出的改造方案叫作隔离见证（Segregated Witness，SegWit）。

2. 比特无限（Bitcoin Unlimited）解决方案

Bitcoin Unlimited简称BU，是矿工支持的一个比特币开发组织。由于这些矿工掌握了绝大部分挖矿算力，而比特币系统的安全运行需要算力做支撑，因此他们对比特币系统也具有重要的话语权。BU提出的解决方案非常简单，就是直接增加区块的大

小，进行区块扩容，从1MB增加到8MB。区块大小增加后，能容纳的交易数量增加，那么处理交易的速度自然也相应增加。但这个方案也会产生一些问题，由于区块的生成速度是恒定的，区块大小增加7倍后，区块链数据的增长速度变得更快，需要很长的时间和大容量的存储设备才能有效同步数据，导致普通节点在使用上十分不便。另外区块增加7倍后，对区块里的交易中所包含的签名进行验证的时间会变得更长，由于比特币原始设计的原因，验证时间不是简单增长7倍，而是呈指数增长，这也给区块链的运行效率带来很大的问题。此外，区块扩容后，其格式与旧区块不同，旧的矿工程序无法识别，此时就会使区块链产生硬分叉。

所谓硬分叉，是相对于软分叉而言的。此外，前文讲述比特币原理时也讲过挖矿过程中会产生临时分叉。因此，本节对这3种分叉类型进行总结。

（1）临时分叉。

临时分叉是挖矿过程中产生的。当两个节点A、B同时发现一个新块时，其他节点收到广播后会将它们都连接到当前区块后，这样当前区块后就连接了两个区块A、B，产生了临时分叉。随后，不同的矿工选择不同的区块作为基础继续挖矿，区块A、B后的分支都在增长，根据最长链法则，其中较长的分支将被保留，而短分支会被剪枝。因此，临时分叉总是临时的，不会维持很长时间，最终网络会达成一致，维护一条单一的主链，如图11.1所示。

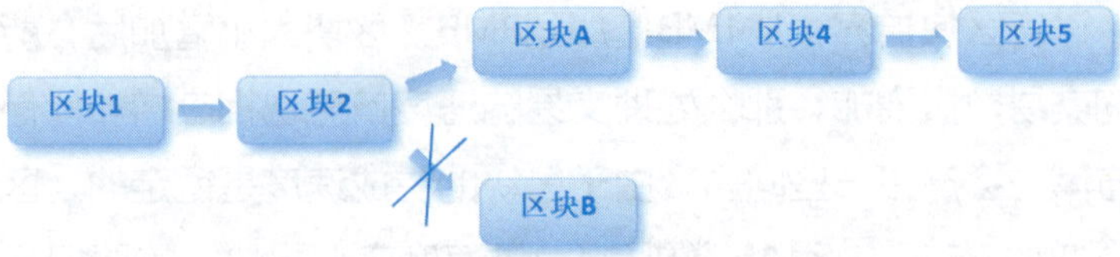

图11.1｜临时分叉示意图

（2）硬分叉。

区块链在运行过程中，可能会发现一定的问题，需要对核心代码或者协议进行更新以解决问题。这时候区块的格式发生了变化。当区块链更新后，由于它是去中心化的，矿工们可以自由选择是否同步更新。那么可能大部分节点更换了新的挖矿软件，称其为新节点。但仍有一些节点沿用旧的挖矿软件，称其为旧节点。当新区块广播后，所有的节点都要对其验证合法后才接收。如果旧节点验证新节点挖出的区块后认为不合法，则会拒绝采纳它。这样从更新后的区块开始就会出现两条链，一条由旧节点维护，所有的区块都是旧区块；一条由新节点维护，从更新后的区块开始往后都是新区块。硬分叉后原有的区块链实际上分裂成了两条不同的链，如图11.2所示。

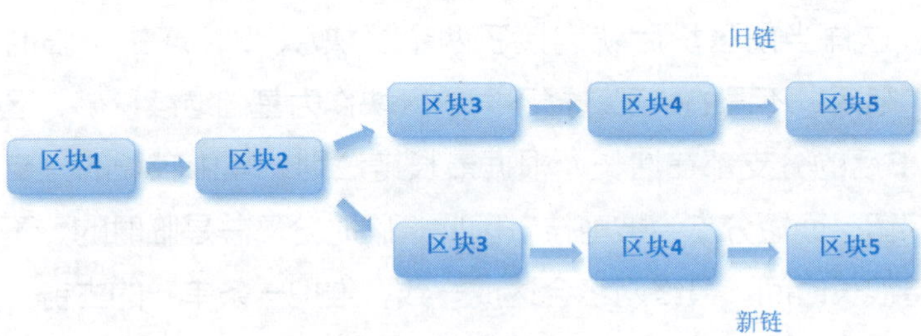

图11.2｜硬分叉示意图

（3）软分叉。

软分叉的情况和硬分叉相反，当区块链更新后，如果旧节点区分不出新区块的变化，仍然当作旧区块接收，而新节点不接收旧节点挖出的全部或部分区块，此时双方仍然会维持同一条链。这是因为新节点算力较大，旧节点挖出的区块即使会产生临时分叉，但增长速度总是没有新节点的区块快，因此旧节点的区块将被剪枝，没有机会得到认可。这种情况称为软分叉。软分叉并不会使区块链分裂，区块链仍然维持一条链，但链中可能会有不同格式的区块并存，如图11.3所示。

图11.3 | 软分叉示意图

BU的解决方案要扩大区块的容量，这样形成的新区块格式与旧区块完全不同，所以旧节点是不会接收新区块的，这样就造成了区块链的分裂，形成了硬分叉。而Bitcoin Core团队提出的隔离见证方案，可以通过巧妙的技术手段“欺骗”旧节点，使旧节点能接收新节点挖出的区块，这样可以通过软分叉的方式更新系统，且不会导致比特币系统的分裂。

什么叫隔离见证呢？它实际上由两个词组成，即“隔离”（Segregated）和“见证”（Witness）。所谓见证，指的是交易记录里面的签名信息，隔离见证就是指把签名信息从交易记录里拿出来，放到区块的后面。由于签名信息占用的空间比较多，把签名信息拿出来后，交易记录占用的存储空间就大大减少，这样一个区块里可以容纳的交易记录数量就会增加，从而间接起到了扩容的作用。通过隔离见证，区块可以增加70%左右的容量。

隔离见证虽然可以间接增加区块容量，但其实这并不是它的主要目标。隔离见证的主要目标是解决比特币系统中的一个重要问题——交易延展性，只有解决了这个问题，才能顺利部署闪电网络，从而提高交易速度。

■ 11.3 交易延展性问题

所谓的交易延展性，指的是比特币系统中交易记录的多样性。我们在生活中有这样的经验，把一块面团揉成圆的或者扁的，它都可以用来包饺子，不影响它的价值，这可以称为面团的延展性。在比特币系统中，一条交易记录也可以被交易双方之外的第三方陌生人进行“变形”，但仍然是一条合法有效的交易，这称为交易延展性。

比特币系统中每笔交易记录里都包含交易信息和签名信息，问题就出在签名信息上。每条交易都有一个ID号，可以通过这个ID号来识别和查找这笔交易。这个ID号实际上是交易的哈希值，它是通过对交易信息和签名信息进行哈希计算得出的。但是，由于数学算法的特殊性，签名信息的数据格式是可以修改的，而且修改后它仍然是一个有效签名，和原来的签名具有同等的效力。这好比把数字“8”改成“8.0”，它的数学意义是一样的，都代表8，但是格式上发生了变化。由于格式上发生变化，如果把修改后的签名放入交易记录中，那么对该交易记录进行哈希计算后得出的交易ID号也会发生变化，但是这个交易记录仍然是一个合法的交易记录，能够通过任何检查。如果有人把修改后的交易记录广播出去，那么就会造成混乱，因为很可能修改后的交易记录被先打包，导致原始的交易记录被矿工拒绝（通不过双花验证），因此原始的交易记录无法进入区块链。当然，这不会造成双花，也不会破坏本次交易，因为交易信息并没有发生改变，但是会对原始交易记录的发起者造成混乱，因为原始交易记录的发起者只知道自己的原始交易ID号，他如果拿着这个交易ID号去区块链上查询，是查不到这笔交易的。由于闪电网络的实施要依靠交易记录ID号的唯一性，因此想要实施闪电网络，必须解决交易延展性问题。

既然交易延展性的问题是由签名信息引起的，解决的方案也很直接，就是把签名信息从交易记录中分离出来，单独形成一个叫作Witness的数据结构，放在区块后面。同时，在区块中放入一个类似梅克尔根的哈希指针指向这个数据。这样交易ID号进行计算时，不再包含签名信息，因此交易ID号就具有了唯一性，任何第三方陌生人都不能随意改变交易ID号了。

2017年8月24日，Bitcoin Core正式激活了隔离见证，比特币系统进行了一次软分叉，新的符合隔离见证要求的比特币钱包地址以数字“3”开头，只要是这种新地址发出的交易，都是隔离见证交易。但是，BU团队并不认同隔离见证技术，于是他们提前也对比特币系统实施了一次分叉，把区块大小提高到8MB。这是一次硬分叉，BU团队把分叉出来的新链称作Bitcoin Cash，简称BCC。这是一条全新的链，因此比特币社区实际上是进行了一次分裂。BCC的硬分叉反映了比特币社区不同观点的对立，分叉后原有的比特币用户现在同时持有了两种币，即BTC和BCC，这样用户也得到了一定的好处。但这也带来了一个意想不到的副作用，既然分叉有利可图，而且比特币系统软件又是开源的，分叉非常容易，所以许多组织开始无节制地进行硬分叉，先后涌出BCH、BTG、B2X、BCD、SBTC、BCHC等多种分叉链，这给比特币社区造成了一定的混乱。无序的硬分叉最终将使比特币社区走向何方？令人担忧。

第12章

另辟蹊径：神奇的闪电网络

“小明哥，这事你一定得帮我。”二黑跟在小明身后，嘴里不停叨咕着。这次二黑怎么抢了翠花的台词？各位读者一定会觉得很奇怪。起因是这样的，二黑购入了一大批机器挖矿，但是他不懂维护，机器三天两头出状况，因此只有来找小明帮忙。

“不去，没兴趣！”小明对情敌没有好脸色。“别这样嘛！”二黑追在后面纠缠不休，“再说了，我现在对翠花没感觉，我的新女神是金花。”这句话似乎起了效果，二黑看着小明脸色有所转变，连忙加上一句，“你帮我忙，我送你比特币，怎么样？”

“唔……”小明低头沉吟一下，“看你这么有诚意，也不是不可以，但我信不过你，干活前你得先把比特币送给我。”二黑心里盘算了一下，“要不这样，你每干一小时，我就给你点比特币，怎么样？”

“也行！”小明点点头，这时忽然想起上次送翠花妈妈比特币的事情，马上又摇头，“不行不行，你发给我的比特币要几天才能到账，如果干了几天活后发现你骗我，那该怎么办？”

“小明哥，你不能不信我啊。”二黑急得快哭了。

“这个问题好解决！”小明妈妈出来打圆场，“最近技术人员发明了用于比特币系统的闪电网络，圆满解决了这个问题。”“可比特币系统受本身规则限制，再怎么也快不了啊！”小明不相信。

“其实闪电网络这种技术，并不是提高比特币系统本身的处理速度，而是另辟蹊径，在区块链之外建立一条特殊通道，用来完成快速支付。”小明妈妈耐心解释，“别着急，听我给你们好好讲讲，保准能行。”

12.1 微支付通道

闪电网络是Bitcoin Core团队提出的用于提高比特币系统交易速度的技术，它本质上是一个双向的微支付通道，通过这种方式让小额的交易在链外运行，直到最后需要确认时才真正写入区块链。这样，小额交易可以在微支付通道上迅速完成，而区块链主链上运行的交易数量会大大减少，从而使主链的交易速度也得到极大提高。

为了理解闪电网络，首先需要了解什么是微支付通道。所谓的微支付通道并不是一个实际的网络通道，它只是交易双方根据某种规则执行的一个交易动作序列，通过执行这个序列得以保证交易在链外实施，看起来就好像在区块链外建立了一个通道一样。下面用一个实际的例子来解释微支付通道。假设地球村的小明和二黑之间达成了一个交换协议，小明帮二黑维护机器，二黑每过1个小时给小明0.01个比特币。因为0.01个比特币很少，如果每过1个小时就在区块链上转账一次，那么要付出大量的“交易费”，很不合算。于是二黑提出，小明干100个小时以后，一次性给他1个比特币。但是小明不同意，因为他不信任二黑，担心他到时候赖账不给。好在小明妈妈很聪明，她给双方设计了一套交易动作序列，只要双方按照这个动作序列执行，即使双方互不信任，也能执行劳动协议。

（1）二黑出抵押物。

首先二黑创建一笔交易，发送1个比特币给一个2/2多签名地址，称其为保证交易（Bond Transaction）。所谓的2/2多签名地址是指比特币系统中一种特殊的账户地址，这个地址由2个人共同拥有，如果需要使用该地址中的比特币，必须2个人分别使用自己的私钥同时进行数字签名。因此，二黑创建的交易的输出（1个比特币）必须要二黑和小明同时签名才能动用。这个交易相当于二黑用1个比特币进行了一次抵押，这个比特币需要小明和二黑共同签名才能取出。这样，小明干活后，二黑必须给他比特币，不能赖账。但是，二黑暂时不把这个交易发送到区块链网络，因为他也担心自己抵押的比特币受到小明的劫持。小明有可能什么活也不干就走了，这样二黑的比特币再也取不出来了（因为没有小明的签名），如图12.1所示。

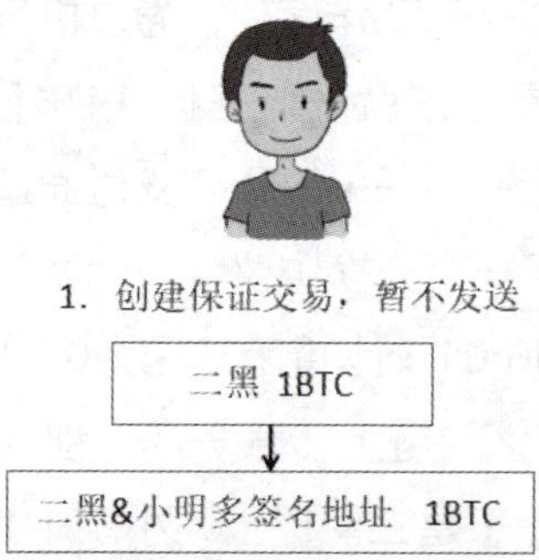

图12.1 | 二黑创建保证交易

（2）二黑防止抵押物被劫持。

二黑为了保障自己抵押的比特币不被小明劫持，暂时不把步骤（1）生成的交易发送到区块链网络中，而是接着又创建一笔交易。这个交易的输入为步骤（1）的保证交易的输出，这个交易的输出为二黑的地址，它称为初始的返还交易（Refund Transaction）。在微支付通道里面，因为返还交易是从保证交易里派生出来的，所以返还交易被称为保证交易的子交易。返还交易被标注为某个时间（比如10天）之后才生效，这个返还交易的作用是让二黑能够取回自己抵押的比特币。也就是说，假如小明没有干活，那么10天后二黑有权取回自己的比特币，如图12.2所示。

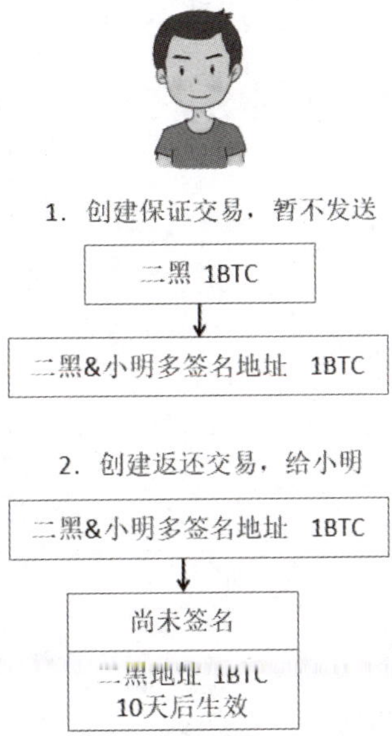

图12.2 | 二黑创建返还交易

（3）小明确认抵押物和抵押时间。

二黑虽然生成了步骤（2）的返还交易，但是由于该返还交易的输入来自步骤（1）中保证交易的输出，而保证交易的输出需要小明和二黑同时签名才能使用，因此二黑无法单凭自己的签名就完成返还交易。所以，二黑把返还交易发送给小明，让小明来签名。小明确认返还交易的内容，表示同意，于是签名并把返还交易再发送给二黑。二黑收到返还交易后，自己也对该交易签名。现在这个返还交易是一个有效交易，只要二黑发送到网络上，10天后就能取回自己的比特币。当然，二黑为了让小明放心，在协议执行期内并不会把这个返还交易发送到网络上，而是拿在手里作为防止劫持的凭据，如图12.3所示。

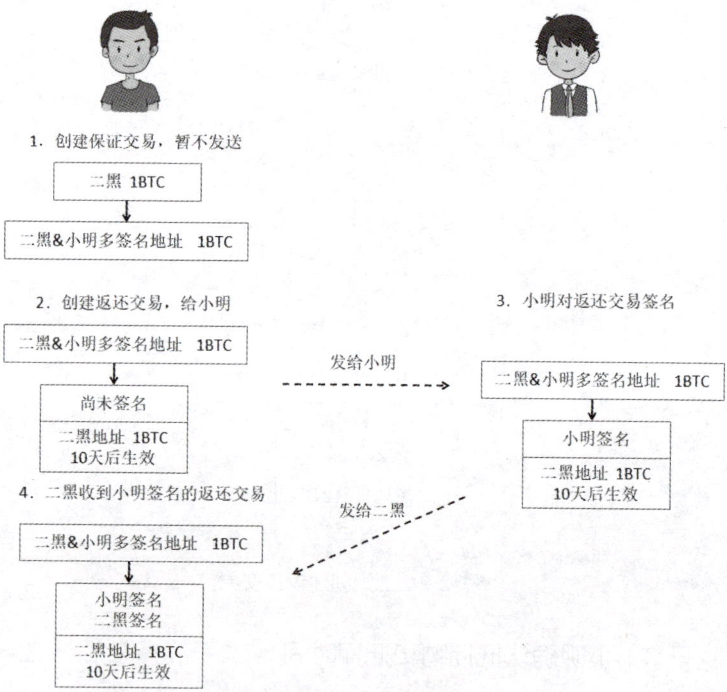

图12.3 | 双方完成对返还交易的签名

（4）抵押物上链。

二黑有了取回抵押比特币的凭据，于是他放心了，接下来他把步骤（1）中生成的保证交易发送给小明。小明检查保证交易的内容，并和返还交易做对照，确认无误后，小明把保证交易发送到区块链网络上。这个交易会被矿工打包进区块，并连接到区块链上。于是，小明现在确信二黑已经有效地做出抵押，并且10天内无法取出抵押的比特币，如图12.4所示。

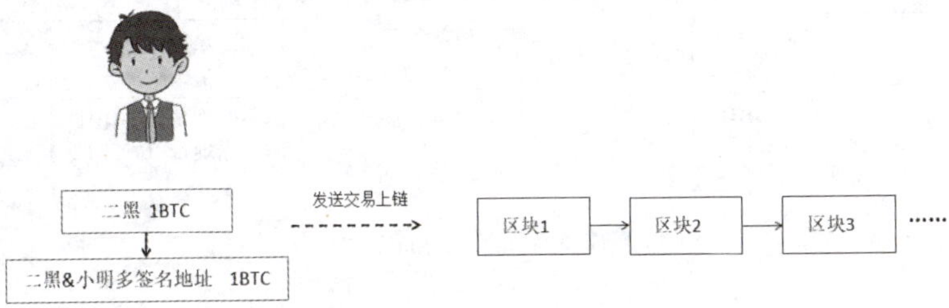

图12.4 | 小明发送抵押物上区块链

（5）二黑通过双方的通道进行支付。

小明开始工作后，他每工作1个小时后，要求二黑重新创建一笔发送交易，以步骤（1）的保证交易的输出为输入，把0.01个比特币发送到小明的地址，剩下的发送到二黑的地址。交易立刻生效。这笔交易由二黑签名后交给小明。小明收到后，可以随时对这笔交易签名，并发布到区块链网络以拿到这0.01个比特币。小明如果想继续推磨，那么他不会马上把这笔交易发送到区块链网络以取得这0.01个比特币。因为如果发送的话，那么保证交易的输出会被使用掉，小明得到0.01个比特币，二黑得到剩余的0.99个比特币，相当于交易通道被关闭了，二黑无法继续付比特币给小明，如图12.5所示。

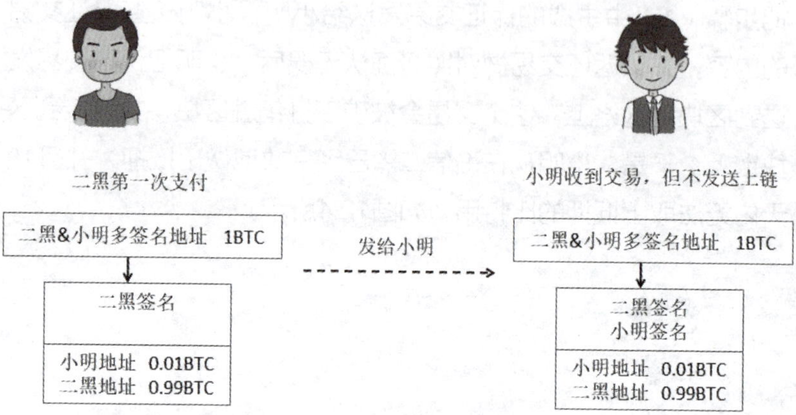

图12.5 | 二黑发送比特币

（6）二黑根据小明的工作量更新数额。

小明继续推磨，又过了1个小时，他要求二黑重新创建一笔交易，以保证交易为输入，把0.02个比特币发送到小明的地址，剩下的0.98个比特币发送到二黑的地址。交易立刻生效，由二黑签名后交给小明。就这样不断循环，小明每工作1个小时，都要二黑发送对应数量的比特币给自己，如图12.6所示。

（7）支付完成并关闭通道。

小明总共干了60个小时，他想约翠花去旅游度假，不想接着干了。此时，他对二黑生成的支付0.6个比特币的交易进行签名，并发送到区块链网络上。这时交易被区块链确认，小明得到了0.6个比特币，剩下的0.4个比特币被二黑拿回，然后关闭支付通道，如图12.7所示。

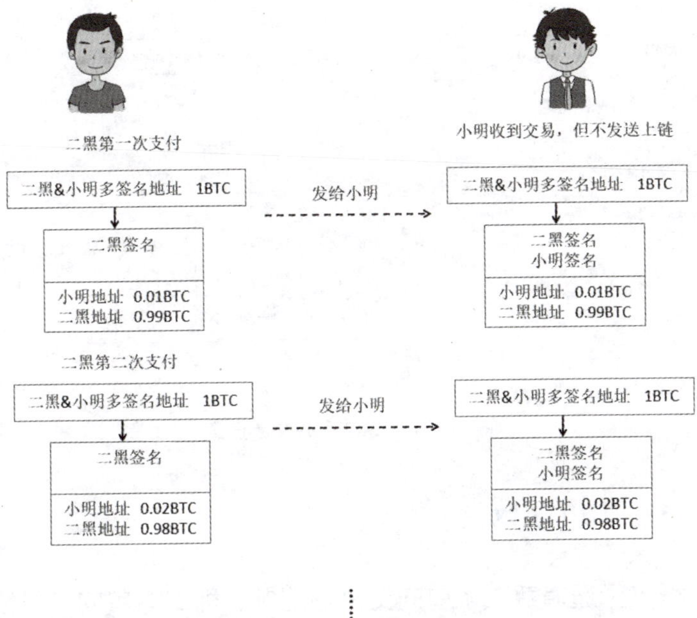

图12.6 | BTC数额更新过程

通过这种方式，小明和二黑每小时发生一次的小额交易一直在双方建立的交易通道上实施，交易速度是很快的。只有最后双方结束协议的时候，才需要真正把交易发送到区块链上进行区块打包确认。这样就大大减少了比特币系统需要处理的交易数量，使得链上的交易速度变快了。

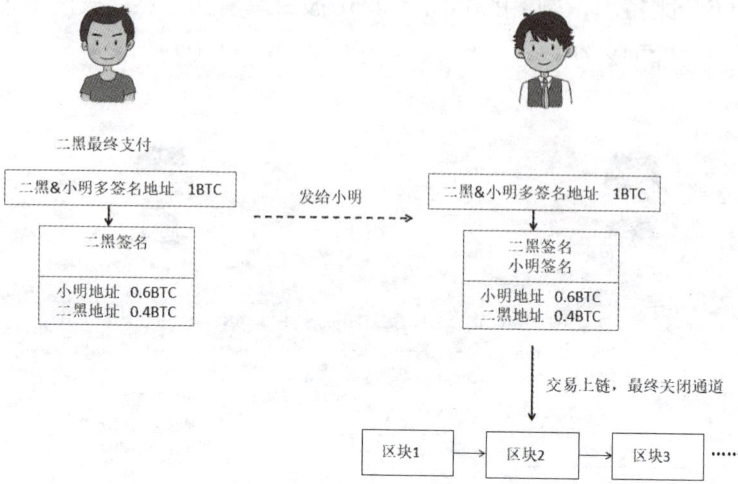

图12.7 | 交易结束并关闭通道

12.2 闪电网络

微支付通道解决了单向支付的问题，即二黑单向支付给小明，而闪电网络则把这个方法进行了扩展，使得小明和二黑之间可以相互支付。闪电网络创造了一种新的交易合约，称为序列到期可撤销合约（Revocable Sequence Maturity Contract，RSMC），通过这种合约，小明和二黑实现了双向支付。RSMC和微支付通道原理大致相似，都是通过先抵押再支付的模式运作，只是因为需要建立双向支付通道，相关的步骤会比较复杂，使用过程中需要双方都生成多个私钥（例如小明生成私钥X0、X1、X2……二黑生成私钥E0、E1、E2……）。其具体执行步骤如下。

（1）双方都出一定的抵押物。

小明和二黑之间经常有比特币往来，所以他们决定各自拿出0.5个比特币，放入双方的交易通道中作为抵押，创建一个融资交易（Funding Transaction），输入是双方各自的0.5个比特币，输出为小明和二黑的2/2多签名地址。此时，融资交易双方不签名，也不发送到区块链网络，如图12.8所示。

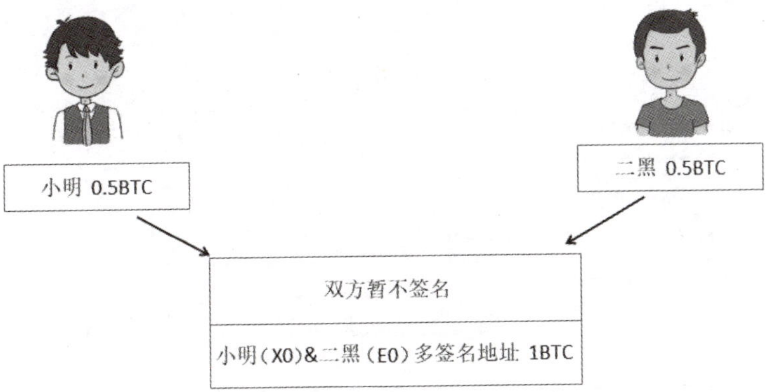

图12.8 | 双方创建融资交易

（2）双方防止抵押物被劫持。

小明创建承诺交易C1a（Commitment Transaction）。C1a的输入是融资交易的输入，需要双方签名才能使用。C1a有两个输出：第一个输出为2/2多签名地址，它需要小明的1号私钥X1和二黑的0号私钥E0进行签名才能取出；第二个输出为二黑获得0.5个比特币。这个承诺交易的作用是防止双方的抵押物被对方劫持，这个交易小明自己先不签名，而是先交给二黑签名。由于这个交易返还给二黑的0.5个比特币只需要他自己签名就能生效，对二黑没有损失，所以他乐意签名，如图12.9所示。

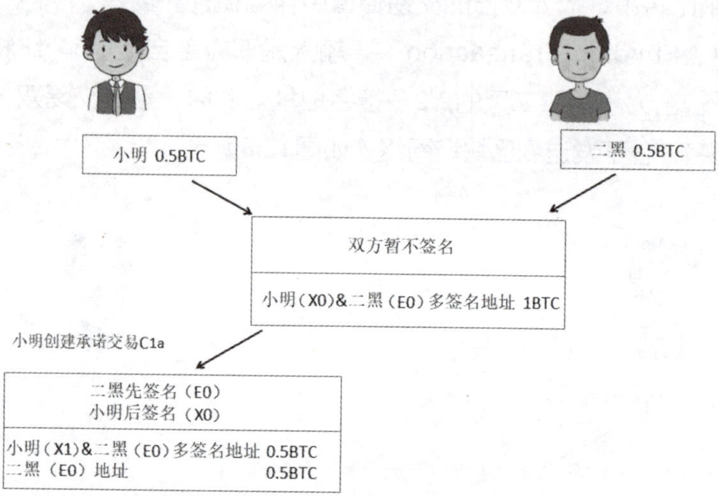

图12.9 | 小明创建承诺交易

由于承诺交易C1a的第一个输出0.5个比特币是给二黑和小明的，这相当于小明做出的一种单方面抵押，因此小明还要创建一个返还交易，用来防止这个抵押被二黑劫持。所以，他创建一个子交易RD1a，该交易的输入来自C1a的第一个输出（2/2多签名地址的输出），而该交易的输出为给小明的地址发送0.5个比特币。这个交易还有一个序列号Sequence，这里把它指定为800。序列号的作用是为本交易指定一个生效条件：本交易的父交易C1a必须先执行，且执行后需要在区块链网络上经过800次确认。只有满足了这个条件，RD1a发送到区块链网络上后才会被矿工打包。返还交易RD1a需要双方签名才能生效，所以小明还需把这个交易发送给二黑签名。这个交易同样对二黑没有损失，所以他愿意签名，如图12.10所示。

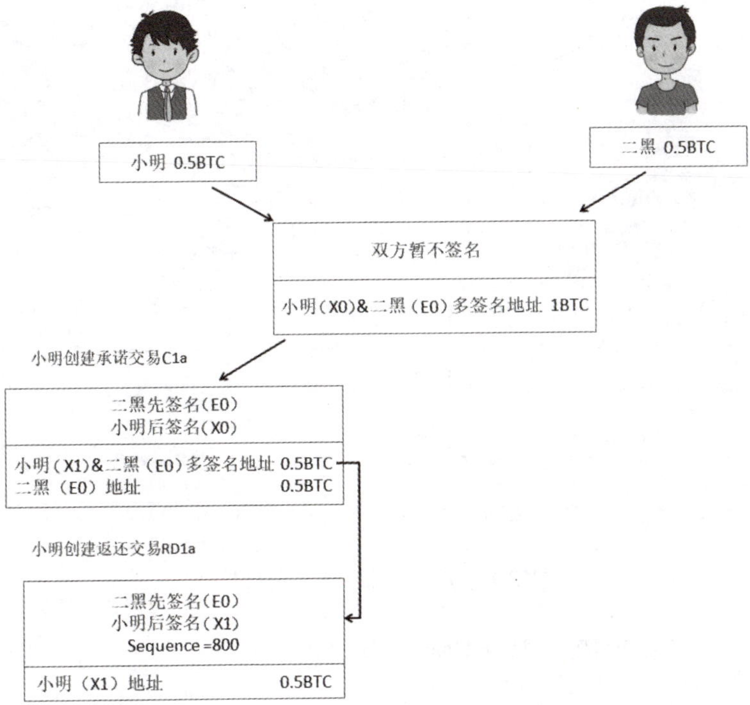

图12.10 | 小明创建返还交易

按照上面步骤，小明创建了自己的用于防止抵押物被劫持的承诺交易C1a和对应的子交易（返还交易）RD1a。同样的，二黑也要防止自己的抵押物被劫持，所以他也创建了相应的承诺交易C1b和返还交易RD1b，并发送给小明签名，如图12.11所示。

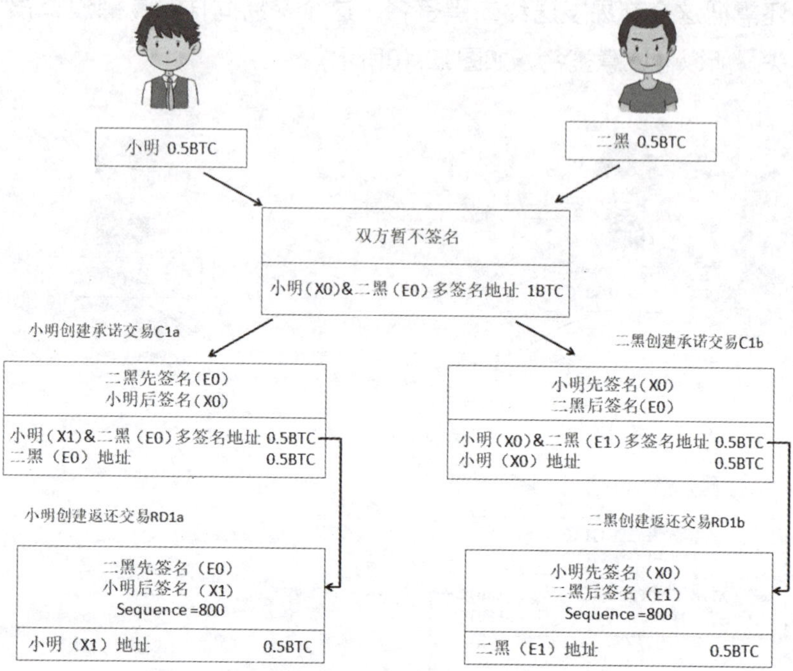

图12.11 | 双方均创建好相关交易

（3）抵押物上链，RSMC创建成功。

小明和二黑均完成步骤（2）的签名后，手里都有了防止抵押物被劫持的交易。现在他们可以放心对步骤（1）中的融资交易进行签名了。然后把这个融资交易发送到区块链网络上，让矿工打包进入区块链，这样双方的交易通道就建立起来了，也就是说创建了一个RSMC，如图12.12所示。

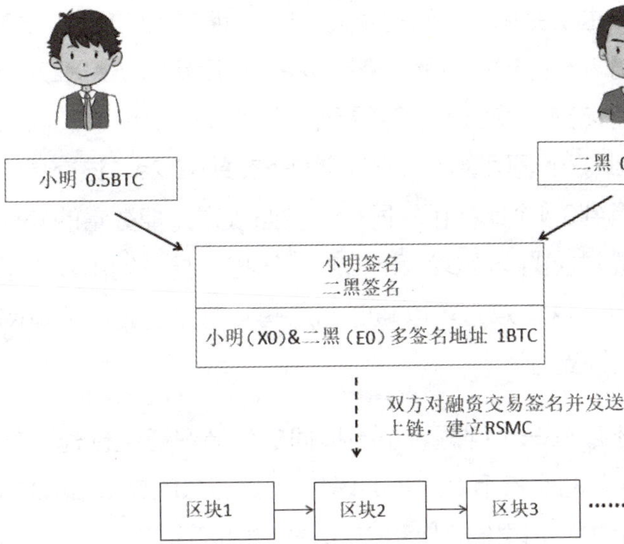

图12.12 | RSMC的建立

RSMC建立了一个对单方违约的惩罚机制。小明创建的承诺交易C1a和二黑创建的承诺交易C1b使用的是同一个输出（融资交易的输出），所以这两个交易中，任何一个交易被发送到区块链网络并打包进区块后，另一个交易就失效了。如果小明发送了C1a，那么二黑立即拿到0.5个比特币（C1a的第二个输出），而小明则需要继续发送RD1a，并等待C1a得到800次确认后，才能拿到0.5个比特币。对于二黑来说也是一样，如果他发送C1b，将面临和小明一样的结果。因此，RSMC会对单方终止合约的人进行惩罚，单方终止者会延迟拿到比特币，而另一方能够立刻拿到比特币。

（4）支付方式。

假设小明需要支付0.1个比特币给二黑，那么双方抵押比特币的数量发生了变化，小明的变成0.4个，而二黑的变成0.6个。此时，小明需要创建新的承诺交易C2a（使用新的私钥X2对应的地址），将该交易输出中小明得到的比特币改成0.4个，将二黑的改成0.6个。小明同时还生成对应的子交易RD2a，该交易的输出为小明得到0.4个比特币。同样，按照双方抵押数量的变化，二黑也生成对应的交易C2b和RD2b。这些交易分别由双方签名后各自持有。这样双方可以随时把这些交易发送到区块链网络上，完成最终支付。

这里还存在一个问题，小明根据支付情况已经创建了新的C2a，他拥有的比特币变成了0.4个。但是原来的C1a和RD1a仍然在小明手中，如果把C1a和RD1a发布到区块链网络上，小明仍然可以得到0.5个比特币。那怎么办呢？显然，应该废弃原来的C1a（相应的RD1a也自然废弃）。RSMC采取了一个非常巧妙的方法：小明将C1a输出中对应小明地址的私钥X1发送给二黑，表示他放弃交易C1a。如果二黑拥有了私钥X1，他就可以创建一个交易Tx1，把C1a中输出到 2/2多签名地址的0.5个比特币转账给自己。一旦小明违约发布了C1a和RD1a，那么二黑马上发布Tx1，由于小明的RD1a需要等C1a完成800次确认后才能生效，而二黑的Tx1可以马上生效，所以二黑抢先拿到了这0.5个比特币。这样，小明将损失全部的抵押物0.5个比特币，二黑得到了所有的比特币。所以，从小明的角度来讲，为了保险起见，避免交易C1a被不小心发送到区块链网络上，他应该马上销毁C1a，如图12.13所示。

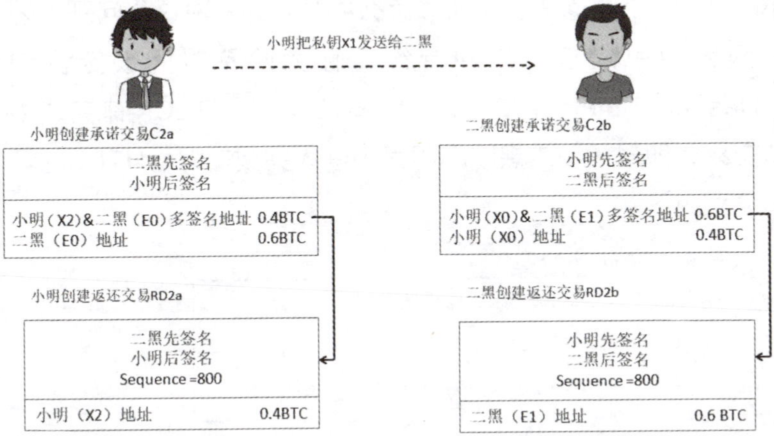

图12.13 | 闪电网络的支付过程

所以，每一次支付小明都要使用新的私钥来创建新的承诺交易，同时将上一个承诺交易的私钥发送给对方。如果是二黑需要支付，他也要完成和小明一样的动作。通过这种方法，完成了双方之间的相互支付。

（5）关闭通道。

如果双方不再合作，他们需要关闭通道。这时只需要创建一个承诺交易Commitment Transaction，按照双方剩余数量把比特币发送到各自的地址（不再发送到2/2多签名地址），这样就完成了最终清算，如图12.14所示。

通过RSMC，小明和二黑建立了双向交易通道，能够快速地完成链外支付。但是还有一个问题没有解决，如果翠花想和二黑交易，但她和二黑没有建立交易通道，并且也不想建立，而她和小明之间有交易通道，这时该怎么办呢？为解决这个问题，闪电网络中引入了第二种合约，称为哈希时间锁定合约（Hashed Timelock Contract，HTLC）。HTLC用来完成中转交易，即翠花和二黑以小明为中间人完成交易。HTLC的基本流程如下。

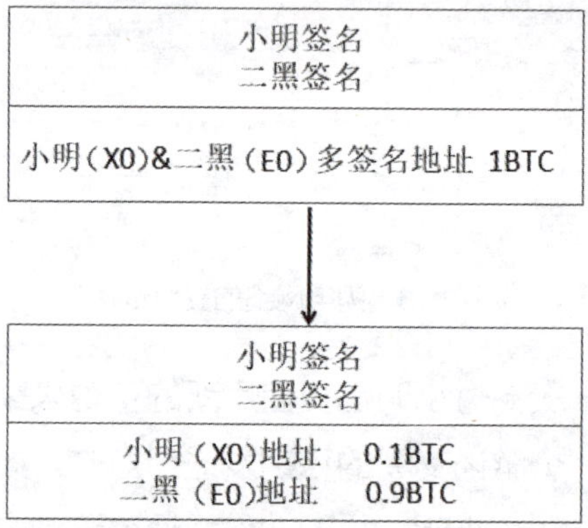

图12.14｜清算并关闭闪电网络通道

（1）假设翠花需要给二黑0.1个比特币，她会在网络上把这个信息发送给二黑，同时发送给二黑一个随机值R。二黑收到这个随机值后，用哈希算法Hash160对R进行加密得到H：H=Hash160（R），并把H发送给翠花。

（2）翠花联系中间人小明，把H告诉小明，并说：“我委托你发送0.1个比特币给二黑，如果你能给我提供一个数，这个数通过Hash160算法计算后得到的结果是H，那么我就把这0.1个比特币发给你。

（3）小明找二黑要这个数R，二黑把这个数给小明，同时利用双方的支付通道从小明那里得到0.1个比特币。

（4）小明把R提供给翠花，翠花收到这个数后，利用双方的支付通道给小明0.1个比特币。

通过这4个步骤，翠花和二黑就利用小明作为中间人完成了链外支付，如图12.15所示。当然，在实际运行过程中，将来可能会出现专门的中间机构，用来完成不同人之间的快速链外支付。

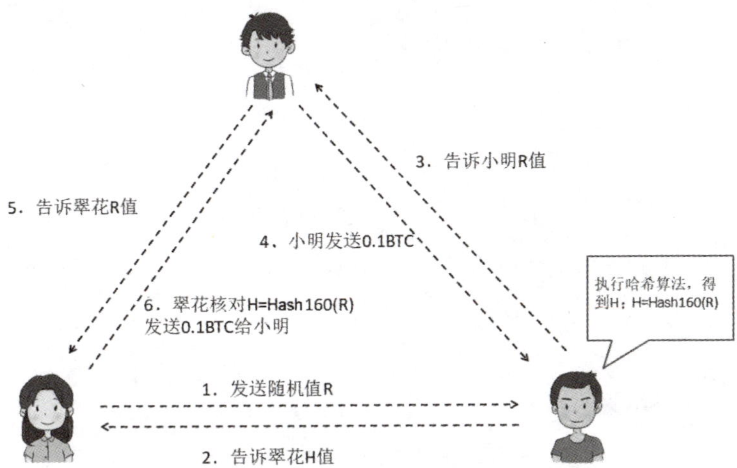

图12.15 | HTLC中转通道的流程

RSMC可以建立双向链外交易通道，而HTLC可以建立中间交易，通过这两种合约，就形成了闪电网络，可以快速完成小额比特币的交易，且不会给主链带来运行压力。显然，闪电网络有很多优点，例如可以快速完成支付，可以节省“交易费”，可以减轻主链的压力等。但是它也有其缺点，因为它的应用场景很受限，主要是应用于有长期协议关系的双方，且双方还要冻结大量的比特币做抵押，这会打击人们使用它的积极性。目前闪电网络已经开始测试，它是否能真正发挥重要作用，只有等正式运行后才能一窥究竟。

第13章

渐入佳境：区块链2.0

四年苦学后，小明终于大学毕业了。他开了一家创业公司，亲自出任董事长兼总经理。这天，他开着小车回到了地球村。

“小明回来了。”翠花妈妈看见小明，热情地冲他打招呼，“听说你开了家公司，是做什么的呢？”对于翠花妈妈，小明不敢怠慢，连忙回答，“阿姨，我开了一家专门做区块链开发的公司。”

“区块链？你说的就是比特币吧？”翠花妈妈有点儿不悦，“这区块链不就是可以发送比特币嘛，也没什么大的用处。开这样的公司能干点儿啥，没什么前途吧？”

“妈，你懂啥，区块链可不等于比特币，还有好多种其他区块链系统呢！还可以在上面开发软件，做好多事！”翠花急忙维护小明。

“是啊，阿姨。国外发明了一种新型的区块链系统，叫作以太坊。这种区块链系统不仅可以处理‘虚拟货币’，还设计了开发平台和开发语言，可以在上面开发各种各样的应用系统。”小明耐心地向翠花妈妈解释。

“就是啊，妈，未来互联网上的电子商城、聊天软件，说不定都会在以太坊上重新开发出来，替代现在的中心化系统！”翠花也帮着腔。

翠花妈妈最喜欢网上购物了，听翠花这么一说就明白了，“那是不是未来可能出现去中心化的网上商城，大家都能诚信交易，还不需要专门的机构管理了？”

“就是，阿姨你太聪明了，一听就懂。”小明连忙点头，“阿姨你放心，我这个开发以太坊应用的公司，将来一定大有前途！”

13.1 天才少年的以太坊传奇

中本聪在比特币系统中，初步实现了去中心化的区块链技术，并通过比特币系统十年来的稳定运行验证了这种技术的强大能力。但是，比特币系统仍然有较多的缺点，其最大的问题是它仅仅是一个专用系统，难以应用于除比特币以外的其他IT领域。针对这个问题，著名的俄罗斯程序员维塔利克·布特林（Vitalik Buterin）创建了新的区块链系统——以太坊（Ethereum），以太坊通过引入智能合约极大地扩充了区块链的功能，使其从一个专用系统变成一个通用的分布式去中心化开发平台，并可以运行各类信息化应用，因此以太坊被称为区块链2.0。理论上，使用以太坊的智能合约功能进行编程，可以在以太坊平台上架构出一个比特币系统。

维塔利克·布特林是个年轻的天才程序员，他出生于俄罗斯，17岁时就接触了比特币，并创办了比特币杂志。2013年，他时年19岁，为实现扩充区块链功能的梦想，从加拿大滑铁卢大学休学专门从事区块链研发，并于该年11月公布“以太坊白皮书”初版，开始募集开发者。20岁时，他成立非营利组织——以太坊基金会，并在迈阿密的比特币会议上公开发表了以太坊开发计划。21岁时，他组织开发的以太坊最初版本Frontier问世，其上运行的以太币（ETH）成为著名的“虚拟货币”。以太坊运行的基本原理和比特币相似，但还是有很多方面做了改进，特别是前文讲到的智能合约使以太坊具备了可编程性，这是相对于比特币的一次革命性飞跃。如果做类比的话，可以把以太坊想象成由遍布世界的许多计算机一起组成的一台巨型机器，这台机器拥有处理交易、执行软件、存储数据等功能，用户需要消耗以太币才能使用这些功能。

下面对以太坊的一些基本概念进行介绍。

13.2 以太坊的账户

在比特币系统中并不存在“账户”的概念，也就是说，并不存在一个账表，用来记录某人持有的比特币。比特币的持有记录存在UTXO数据结构中。如果要计算某人持有的比特币数量，则需要回溯区块链中所有的UTXO，统计输出到某人地址的所有未花费输出。

简单来说，比特币的账户类似于我们生活中的流水账。如图13.1所示，小明挖矿得到1个比特币，然后发送给翠花。此时，小明在交易1中的输出已经被使用，而翠花得到了一个未花费的输出（UTXO），为1个比特币。随后翠花又给二黑0.3个比特币，给小明0.2个比特币，给自己0.5个比特币。此时，翠花在交易2中的未花费输出已经使用，变成了交易3中的未花费输出，即翠花0.5个、二黑0.3个、小明0.2个。如果要统计小明持有的比特币，就要查找所有区块中的所有交易，看看小明总共有多少个未花费输出。

交易类型：普通转账			交易编号 1
输入	输出		
区块链系统的挖矿奖励	输出序号	输出数量	对象
	1	1	小明（用小明的钱包地址表示）

交易类型：普通转账			交易编号 2
输入	输出		
交易 1 的输出	输出序号	输出数量	对象
	1	1	翠花（用翠花的钱包地址表示）

交易类型：普通转账			交易编号 3
输入	输出		
交易 2 的输出	输出序号	输出数量	对象
	1	0.5	翠花（用翠花的钱包地址表示）
	2	0.3	二黑（用二黑的钱包地址表示）
	3	0.2	小明（用小明的钱包地址表示）

图13.1 | 比特币的UTXO账户结构

在以太坊中，账户模型与比特币不一样。以太坊的账户和我们现实生活中的账户模型是一致的，如果把以太币看作虚拟商品，那么以太坊的账户类似于我们生活中某个仓库的库存记录。在以太坊中有两种账户地址，对应着两种不同的账户，具体描述如下。

（1）外部账户地址。

外部账户地址就是某个用户所拥有的利用私钥生成的账户地址。前文已经介绍过这种地址。

（2）合约账户地址。

合约账户地址指智能合约的账户地址。智能合约是一段可执行的程序，第14章会详细介绍。

外部账户和合约账户有本质的区别。如果要类比的话，一个外部账户相当于一个人，他可以创建自己的私钥，并用私钥对交易进行签名，发送消息给另一个账户。外部账户既可以将交易发送到另一个外部账户，也可以发送到一个合约账户。如果是发送到另一个外部账户，那么发送的交易只是一个简单的以太币持有数量的转移，也就是转账；如果从一个外部账户发送交易到合约账户，则会激活合约账户的代码，从而触发合约账户执行各种动作（比如转移以太币、写入内部存储、挖出一个新币、执行一些计算、创建一个新的合约等）。

合约账户类似于一台智能机器，它自己不可以发起一个交易，但是它可以根据编写的代码来执行预先设计好的一系列动作。合约账户只有在接收到一个交易之后（从一个外部账户或另一个合约账户发过来的）才会被触发，为了响应它而执行另外的动作或交易。

不像比特币那样，以太坊的账户里面不包含UTXO数据结构，以太坊的账户仅仅用几个参数来记录当前账户的状态。可以把以太坊的账户想象成仓库的库存表，它记录了以下几项内容。

nonce：外部账户交易次数，合约账户创建的合约序号。

balance：本地址对应的账户中的以太币数量。

storageRoot：账户存储内容组成的梅克尔帕特里夏树（Merkle Patricia Tree，MPT）的树根哈希值。

codeHash：账户以太坊虚拟机（Ethereum Virtual Machine，EVM）代码的哈希值。合约账户为合约代码的哈希值，外部账户为空字符串的哈希值。

在以太坊的账户模型中，每个用户都有这么一张表，记录了该用户的账户状态，其中也包含了该用户拥有的以太币数量。如果小明要给翠花1个以太币，这种模型记录起来就很简单：只需要把小明账户中的以太币数量扣掉一个，把翠花账户中的以太币数量增加一个即可。如图13.2所示，交易前小明账户里的以太币数量（balance）为5，翠花的也为5。交易后小明账户的以太币数量减少为4，翠花的增加为6。因此，以太坊的账户在统计时也很简单，只需要查找对应账户的数值即可，不像比特币那样要遍历整个区块链。由于小明和翠花的账户都是外部账户，所以他们账户里的storageRoot和codeHash都为空值。

交易前状态

小明账户

nonce	balance	storageRoot	codeHash
12	5	null	null

翠花账户

nonce	balance	storageRoot	codeHash
15	5	null	null

交易后状态

小明账户

nonce	balance	storageRoot	codeHash
13	4	null	null

翠花账户

nonce	balance	storageRoot	codeHash
16	6	null	null

图13.2 | 以太坊的账户

以太坊之所以不使用类似流水账的UTXO账户模型，而是使用这种类似库存记录的账户表模型，主要是因为以太坊想要实现一个功能完备的可编程的智能合约平台，因此它必须要记录账户的总体状态，这样才能比较容易实现功能完备的智能合约。另外，以太坊的交易记录也比较节省存储空间，因为每笔交易都只有一个输入和一个输出。

13.3 以太坊的世界状态

从对以太坊账户和交易的描述可以明白，以太坊从本质上可以看作是一个基于交易的状态机。当用户与以太坊交互时，其实就是通过执行交易来改变系统状态。

在以太坊里面存在一个全局状态，称为世界状态（world state），如图13.3所示。世界状态指的是以太坊整个网络中所有账户的状态，世界状态是很多个键/值（key/value）的集合。其中key是某个账户的账户地址的哈希值（使用Keccak-256算法计算得出），value就是账户内容（nonce、balance、storageRoot、codeHash）通过某种格式（RLP格式）组织在一起后形成的字节码。

世界状态的所有键/值对通过梅克尔帕特里夏树的结构组织起来，这种树形结构类似于比特币系统的梅克尔树，但是更方便插入和修改数据。世界状态并没有保存在区块链上，只有组成世界状态的梅克尔帕特里夏树的树根哈希值保存在区块头中。世界状态本身保存在以太坊全节点的硬盘上，存储在一个被称为

levelDB的数据库中。

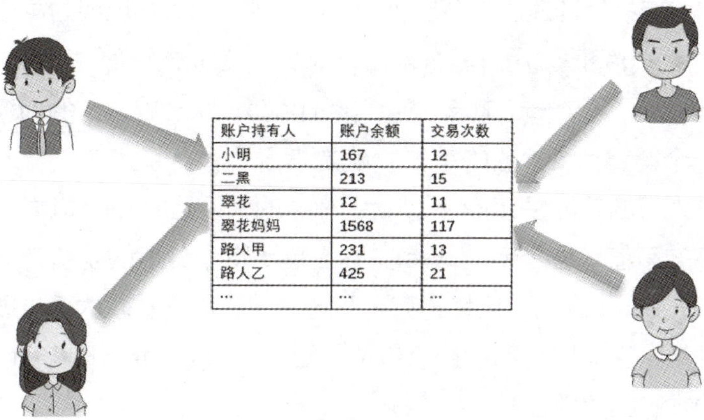

账户持有人	账户余额	交易次数
小明	167	12
二黑	213	15
翠花	12	11
翠花妈妈	1568	117
路人甲	231	13
路人乙	425	21
…	…	…

图13.3 | 以太坊的世界状态

13.4 以太坊的“交易费”：gas与gas price

以太坊中有一个特殊的概念，称为gas。简单来说，gas就是用户在使用以太坊时需要消耗的资源单位。和以太币一样，gas也只能在以太坊这个封闭系统中使用，是系统的一种内生激励模式，和现实生活中的费用概念是不同的。当用户在以太坊上发送以太币到其他账户时，他需要消耗gas。当用户需要在以太坊上部署智能合约时，也需要消耗gas。以太坊为各种操作规定了所需的gas值。例如，一次普通转账需要21 000gas。如果需要调用智能合约，那么以太坊对智能合约的每种操作都规定了相应的gas值，矿工每执行一个操作，就要收取对应的gas。

以太坊有一个特点，用户可以自行决定一笔交易使用多少gas，即“交易费”。使用的gas越多，矿工就越愿意打包这笔交易，交易处理速度就会越快。但是，既然以太坊已经为每种操作固定了gas值，用户怎么来自行决定“交易费”呢？为此，以太坊引入了另外一个概念，叫作gas price。顾名思义，gas price是一个衡量gas价值的单位，就是指一个gas值多少个以太币（以太币的单位是ether）。gas price的单位是Gwei。以太坊中最小的币值单位是wei。Wei实际上是比特币雏形的创造者戴伟（Wei Dai）的名，维塔利克·布特林用这种方式表达了对戴伟的致敬，正如比特币的最小单位“聪”（Satoshi），其表达了对中本聪的致敬。

单位ether、Gwei和wei对应的换算公式如下。

$1ether = 10^{9}Gwei$

$1Gwei = 10^{9}wei$

gas price是用户指定的，用户可以为每一笔交易指定一个gas price，从而就决定了自己愿意为一笔交易支付多少“费用”。例如，小明做了一次普通转账，他指定gas price 为100Gwei，那么这笔转账他需要支付的“费用”（fee）为fee=gas × gas price=21 000 × 100= 2 100 000Gwei。

普通转账的gas比较好计算，但是智能合约的gas是根据执行的操作来计算的，可能用户并不知道具体需要多少个gas。为了避免一次交易使用过多的以太币，用户可以针对每个交易设置gas limit。gas limit指的是用户愿意为一次交易支付的最大“费用”。

因此，小明在进行交易时，还必须指定gas limit的值，矿工在执行交易过程中，先得到gas limit规定的gas值，然后对每个转账步骤收取gas，直到转账完成。如果小明实际使用的gas没有超过gas limit值，则转账顺利完成，且多余的gas会被退回到小明的账户。如果执行交易过程中使用的gas超过了gas limit值，那么在超过的那一刻矿工会终止交易，并把所有的参数复原到交易前的状态。但是由于执行交易过程中已经进行了相关的计算，因此使用的gas矿工不予退回。

使用以太坊之所以需要“费用”，有3个方面的原因：一是矿工执行智能合约需要耗费计算资源，因此需要相应的报酬；二是以太坊网络大量进行智能合约操作将会给网络带来较大的运行压力，因此通过收取“费用”来防止用户使网络超负荷；三是有些恶意攻击者可能会编写无限循环的智能合约使网络瘫痪，而矿工会在攻击者的gas消耗完时终止运行智能合约，因此“费用”可以起到保护网络不受黑客恶意攻击的作用。

13.5 以太坊的交易

交易是指以太坊的外部账户发起的序列化指令。交易对应的英文单词是transaction，在传统的计算机技术中，通常翻译为“事务”。但是在比特币系统中，已经约定俗成翻译成“交易”，因为比特币系统中所有的事务都和比特币的收发相关联。但是在以太坊中，翻译成“事务”更合适。因为以太坊中的交易，不仅仅处理以太币的收发，同时也处理智能合约的调用和合约间的通信，这时的工作更类似于事务处理工作。但考虑到名词的一致性，以及目前区块链技术中通常还是把transaction 称作交易，所以在描述以太坊技术时仍然维持这种翻译方式。

前文讲过，交易只能由外部账户发起，对于合约账户来说，不能主动发起交易，只有接收到外部账户发起的交易后，才能进行执行。但合约账户在执行后可能会输出一些执行结果或者需要调用另外一个合约，因此合约之间也需要通信。在以太坊中，合约之间的通信称为消息或者内部交易。

当一个外部账户发出一个交易时，应该包含以下主要参数。

AccountNonce：这是交易编号，它应该等于发起交易的外部账户的nonce，外部账户的nonce是该账户发起的第几笔交易的序号。通过使外部账户的nonce和交易的AccountNonce一一对应，就可以防止用户恶意进行重放攻击。

Price：这是外部账户在发起交易时确定的gas price值，指定了每个gas值多少个以太币。

GasLimit：这是外部账户规定的本次交易消耗的最大gas值。

Recipient：这是交易发送对象的地址。

Amount：这是交易发送对象接收到的以太币数量。

Payload：这个参数里面包含了二进制数据流，根据不同的情况代表不同的含义。

（1）如果交易发送的对象账户是一个合约账户，里面包含智能合约代码，那么这里的Payload就是传输给智能合约的参数数据。

（2）如果交易发送的对象账户是一个零账户（即Recipient是0），说明这个交易是一个创建智能合约的交易，Payload里面存储的就是用于创建智能合约的代码。矿工在处理这个交易时，首先会由合约创建者的地址和该地址发出过的交易数量（nonce）来计算得到一个智能合约地址。随后创建合约交易的Payload数据流被当作EVM字节码执行。执行的输出作为合约代码被永久存储在刚才计算出来的智能合约地址中。

综上所述，以太坊中存在3种类型的交易：一是账户对账户之间转账以太币的交易，这是最基础的交易；二是账户调用智能合约的交易；三是创建智能合约的交易，如图13.4所示。

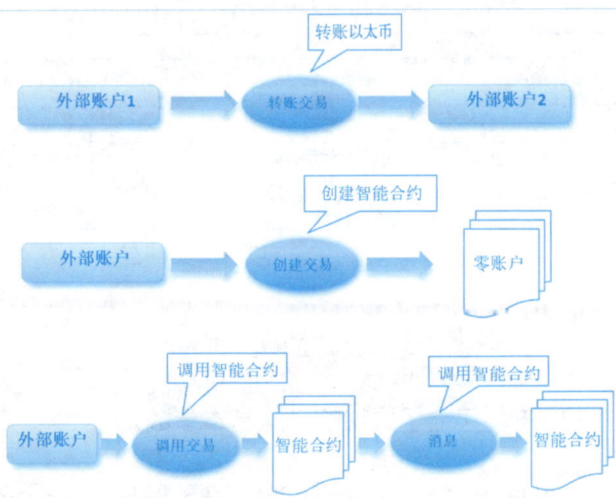

图13.4｜以太坊中3种不同的交易类型

■ 13.6 以太坊的区块结构

以太坊的区块结构和比特币的类似，每个区块也是包含区块头和区块体两部分。在比特币系统中，区块头中包含了一个梅克尔根，它指向区块体的数据，本质上是区块体数据的哈希值。而在以太坊中，由于需要记录状态，所以以太坊的区块头中包含了多个梅克尔帕特里夏树根，分别指向区块体的不同部分，如图13.5所示。

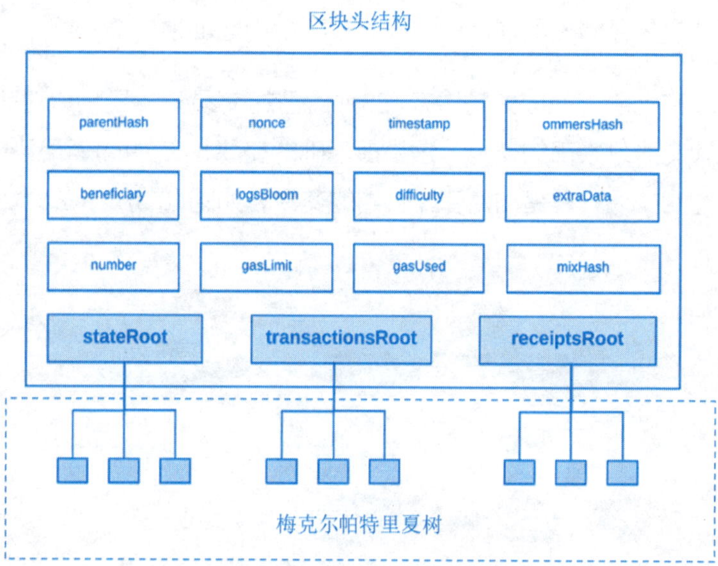

图13.5 | 以太坊区块结构示意图

区块头中主要包含了区块的一些基本参数。

①parentHash：这个参数是父区块头的哈希值，相当于比特币系统的哈希指针。所谓父区块，就是指主链中的前一个区块。

②nonce：一个哈希值，当与mixHash组合时，证明此区块已经完成了工作量证明。

③timestamp：此区块成立时的Unix的时间戳，这和比特币中的是一样的。

④OmmersHash：当前区块ommers列表的哈希值。所谓的ommers，就是指叔区块，即那些被矿工挖出，但未能最终竞争进入主链的区块。

⑤beneficiary：这是接收挖此区块“费用”的账户地址，当区块进入主链后，奖励会发送到这个地址。如果该区块成为叔块，也会有部分奖励发送到这个地址。

⑥logsBloom：这是由日志信息组成的一个布隆过滤器（Bloom Filter），布隆过滤器是一种存储效率非常高的数据结构，它利用位数组很简洁地表示一个集合，并能判断一个元素是否属于这个集合。

⑦difficulty：这表示本区块的难度级别。创世区块的难度是131 072，有一个特殊的公式用来计算之后的每个块的难度。如果某个区块比前一个区块验证得更快，以太坊协议就会增加区块的难度，以保证平均每15秒一个块。反之，以太坊就会降低区块难度。增加和降低难度的主要目标是维持出块速度的稳定性。

⑧extraData：表示与此区块相关的附加数据。

⑨number：当前区块的编号。以太坊中每个区块都是有编

号的，从创世区块开始，创世区块编号为0，此后每个后续区块的编号都增加1。

⑩gasLimit：每个区块的当前gas limit值。以太坊中区块包含的gas是有上限的，这就决定了每个区块能容纳多少条记录。一个区块中所有交易的gas值累计不能超过本区块的gas limit（注意，这里区块的gas limit和前文所讲交易的gas limit是不同的）。

⑪gasUsed：此区块中交易所用的gas总量，显然gasUsed应该小于gas limit。

⑫mixHash：一个哈希值，当与nonce组合时，证明此区块已经完成了工作量证明。

⑬stateRoot：这是指向状态树的哈希值，也就是状态树的梅克尔帕特里夏树根。以太坊的world state是以梅克尔帕特里夏树的数据结构进行保存的，其称为状态树。

⑭transactionsRoot：这是指向交易树的哈希值，也就是交易树的梅克尔帕特里夏树根。在以太坊区块体中，该区块中的所有交易数据以梅克尔帕特里夏树的数据结构进行保存，其称为交易树。

⑮receiptsRoot：这是指向交易收据数的哈希值，也就是收据树的梅克尔帕特里夏树根。在以太坊区块体中，该区块中的所有交易收据以梅克尔帕特里夏树的数据结构进行保存，其称为收据树。所谓的交易收据，是指一笔交易处理完成后，该交易改变

了哪些状态的记录。以太坊建立交易收据的主要目的是便于查询和检索。

把上述区块头参数代表的意思弄懂，再结合前文讲到的以太坊的基本概念和比特币系统的原理，就可以对以太坊的数据结构和运作机制有一个较为全面的了解。

13.7 以太坊的共识机制与挖矿

以太坊的共识机制与比特币系统一样，也是PoW共识机制（使用ghost协议），但是以太坊计划未来切换到PoS共识机制，以太坊打算切换到PoS共识机制的主要原因还是为了对抗ASIC矿机，避免以太坊网络受到ASIC大矿池的控制。2018年4月20日，以太坊的开发者发布了以太坊改进协议EIP 1011，该协议考虑推动以太坊网络脱离PoW挖矿模式，并建立一个采用混合共识机制（PoW和PoS混合）的系统。

以太坊的区块生成时间非常快，平均15秒生成一个块。这比比特币系统的10分钟生成一个区块要快很多，因此以太坊的交易速度也比比特币快。最早以太坊每个块的奖励是5个以太币，其后于2017年进行了一次拜占庭硬分叉，将区块奖励变更为3个，如果EIP 1011得以实施，那么PoW挖矿的区块奖励可能最终减少为0.6个。关于“拜占庭硬分叉”，这里还需要解释一下。2015年，以太坊创始人维塔利克·布特林及其团队推出以太坊“四步走”发展路线：前沿（Frontier）、家园（Homestead）、大都会（Metropolis）和宁静（Serenity）。这分别对应以太坊技术发展的4个阶段，每个阶段以太坊的技术都会进行升级，以创建更快速、更高效、功能更齐全的区块链。拜占庭硬分叉意味着以太坊从“家园”阶段升级到“大都会”阶段，其后还将进行一次君士坦丁堡硬分叉，从而完成“大都会”阶段的开发工作。在最后一个“宁静”阶段，以太坊将引入PoS共识机制以及其主要协议Casper。前文讲过，如果一个区块链进行硬分叉，将会产生两条链。但是以太坊的拜占庭硬分叉并没有产生两条链，这是因为以太坊社区组织得很好，所有的矿工和全节点都同时升级了软件，因此旧链上不会再有新区块产生，也就不会形成两条链。

以太坊生成区块的速度很快，矿工们在同一时间挖出有效区块的概率比较大，这必然使区块链产生大量分叉，而那些被剪枝的分叉上的区块最终会成为“孤块”，即虽然有效但不被纳入主链的块。考虑到这种情况，以太坊为挖出“孤块”的矿工也设置了一定的奖励。在以太坊中，如果挖出来的“孤块”被后续的区块引用，则称其为“叔块”。如果一个矿工在自己挖出的块中引用叔块（即纳入叔块头的哈希值），那么这个矿工会得到奖励。同时，对于被引用的叔块，挖出该叔块的矿工也会得到奖励。如图13.6所示，区块3b在竞争中失败，没有进入主链，但它被后续主链中的区块4所引用，即区块4的区块头参数ommersHash所指向的叔块列表中包含了区块3b，因此区块3b成为区块4的叔块，则挖出区块3b的矿工仍然可以得到奖励。

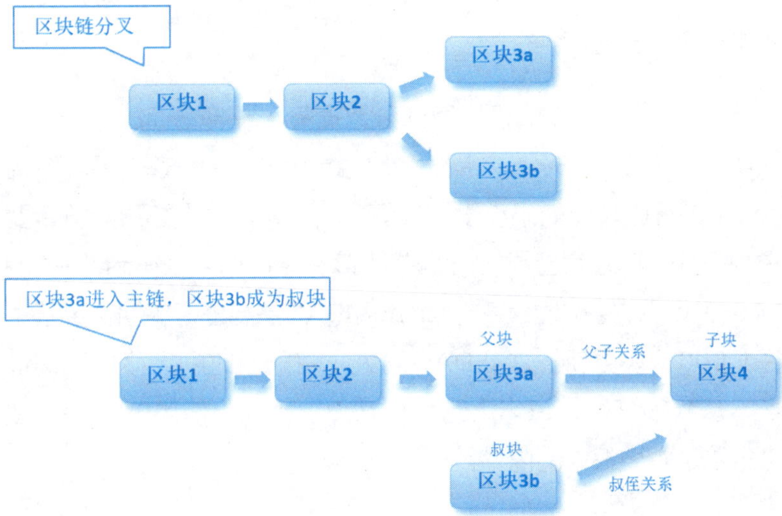

图13.6 | 叔块示意图

目前，以太坊仍然是PoW共识机制，其挖矿算法称为Ethash，它是从最初的Dagger-Hashimoto算法改进而来的。Ethash算法的基本过程如下。

（1）对于每一个块，首先计算一个种子（seed），这个种子每隔一个周期就要更新一次。一个周期是区块链增加30 000个区块所用的时间。在第一周期，种子是32位0的哈希值。对于后续的每个周期，也就是区块链每增长30 000个区块，种子就更新一次，变成前一个种子的哈希值的哈希值。

（2）该种子只和当前块的信息有关，然后根据种子生成一个32MB大小的缓存（cache），这个缓存实际上是一个随机值集合。

（3）根据缓存生成一个1GB大小的数据集合，称为DAG，它是一个完整的搜索空间。

（4）矿工可以随机抽取部分数据集，并将它们放入一个哈希函数中计算出一个哈希值，称为mixHash。将它与目标值nonce进行比较，如果小于目标值，则挖矿成功。如果不符合要求，则矿工继续重复上面的计算，直到找到符合要求的mixHash。在挖矿过程中，cache和DAG需要进行周期性更新，每1 000个块更新一次。DAG的大小将随着时间推移成比例增长，从1GB开始，每年大约增长7GB。因此，使用Ethash算法进行挖矿需要很大的内存。

矿工在挖矿时，和比特币类似，也是先对交易进行验证。如果交易验证通过，则打包进入区块中。因为每笔交易都有gas值，每个区块的gas值都有一个上限值，称为gas limit。打包进入区块的所有交易的gas值相加不能超过gas limit。随后矿工开始使用Ethash算法进行计算，找到符合要求的mixHash后，将这个区块广播到网络中，通过竞争进入区块链。

第14章 公正无私：智能合约与DAPP

地球村今年庄稼长势特别好，田里的麦穗长得又大又饱满，沉甸甸地垂着头。可王大爷看着这丰收的景象，却显得有些忧心忡忡。他背着手在地里走了一圈，后面还跟着一位年轻小伙。

最后，王大爷忍不住了，带着这位年轻人去找小明。“小明，咱村里的年轻人你最有出息，我问你个事，你看今年会不会像去年那样再来一次大暴雨，把我们的庄稼冲走？”

“啊？”小明有点发蒙，“王大爷，您要问区块链的事，我还能陪您聊一聊。要问我有关天气的事，我也说不准。”

“所以说，如果买了我们公司的保险，您就不用担心了。”旁边那小伙乘机搭腔。“小明哥，你劝劝王大爷，赶快买我们的保险吧。”原来这小伙是保险公司的推销员。

“是啊，买一份保险倒是有个保障，省得您天天吃不下饭睡不着觉。”小明觉得这想法不错。“听起来不错，可是我信不过保险公司啊！”王大爷皱起眉头，瞪了那小伙一眼。“就是你们公司，前一阵王大娘生病动了手术，找你们报销费用，结果你们说这个病不在合同的保障范围内！”

“王大爷，保险合同条款是有范围的，王大娘那病确实不在保障范围内。”推销员苦着脸说道，“但这农业险，只要下暴雨我们就赔！”

“不行不行，我信不过你们！”王大爷不为所动。

“如果是这样呢，我倒是有个办法。”小明说道，“只要我在以太坊上给这份保险开发一个智能合约，就能保障您按合同得到赔偿。”“真的吗，区块链还有这作用？”王大爷将信将疑。

“那当然，智能合约可是公正无私的，只要编写好了条款，到时候就会自动赔付，不需要经过保险公司的。”小明充满信心，“您等着，我现在就去给您写智能合约。”

14.1 以太坊的智能合约与虚拟机

以太坊引入了智能合约的概念，这是它相对于比特币系统的一次飞跃性的进展。智能合约可以理解为一段可执行的程序代码，通过编写并执行智能合约，以太坊就具备了功能扩充的能力。以太坊专门为智能合约设计了编程语言，如Solidity语言。这种语言是“图灵完备”的编程语言。所谓“图灵完备”，是指这种语言能模拟图灵机的所有功能。图灵机是数学家图灵提出的一种虚拟的机器，这种机器能解决一切可计算的问题。因此，图灵完备的语言能通过编程解决一切可以通过建立数学模型来计算的问题。实际上，比特币系统中也有合约的概念，并且也能执行一些程序指令。但是，比特币系统里面的程序指令集不是图灵完备的，它只能用于比特币的交易处理，而不能解决通用问题。为了执行以太坊的智能合约，还必须有执行指令的虚拟机。

以太坊虚拟机（Ethereum Virtual Machine，EVM）本质上是一个计算机程序，这个程序可以执行以太坊智能合约中的指令，并输出结果。可以把EVM理解为在计算机操作系统上运行的一个完全独立的沙盒，智能合约代码在这个沙盒中对外完全隔离，并在EVM内部运行。为了减少资源耗费及保证系统性能，EVM并没有采用模拟完整计算机的模式，而是使用更为轻量级的虚拟机构架，EVM的开发者团队表示，其设计目标是构建具有简单性、确定性、容易优化、节省空间、确保安全等属性且专用于区块链的系统。

EVM虚拟了一台计算机，因此它也有一些基本的类似计算机的架构。EVM具有基于堆栈的架构，它是一种堆栈机器，可以理解为使用后进先出的方式来保存临时值的计算机。EVM中每个堆栈项的大小为256位，堆栈有一个最大的大小，为1 024位。EVM有内存，项目按照可寻址字节数组来存储。内存是易失性的，也就是数据是不持久的。EVM也有一个存储器，不像内存，存储器是非易失性的，并作为系统状态的一部分进行维护。EVM也有语言，称为EVM字节码。对于使用Solidity语言来编写的智能合约来说，先要在本地机器上编译成EVM字节码，然后再送入EVM中执行，如图14.1所示。

EVM安装在所有的矿工节点和全节点的计算机上，它是集成在该节点安装的以太坊客户端软件中的。矿工在挖矿时，如果处理的交易是一个从外部账户发送到合约账户的交易，那么矿工会在自己机器的EVM上执行这个合约账户内部署的智能合约，并使用执行的结果来更新以太坊的状态。而其他的全节点在收到矿工的执行结果后，会对该结果进行验证，只有经过多数人验证并确认的结果才会被最终放入以太坊区块链中。

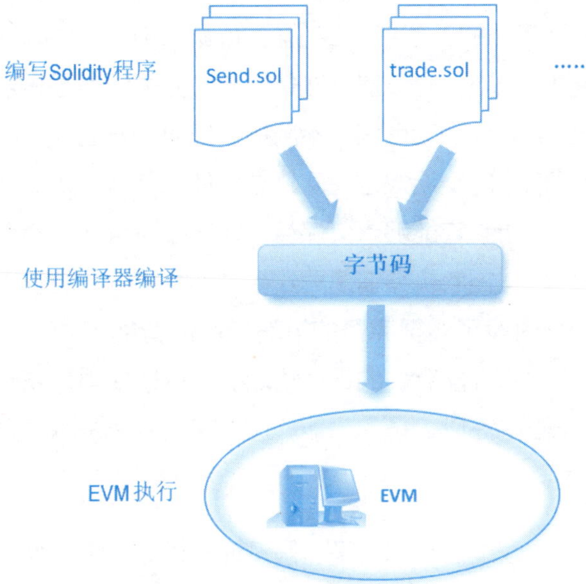

图14.1 | EVM的执行过程

■ 14.2 如何开发部署智能合约

智能合约可以简单地理解为一段可执行的程序代码，具体的代码由发布人使用特定的编程语言来编写（以太坊使用的是Solidity语言，类似JavaScript），在本地编译成功后可以发布到区块链上。智能合约被发送出去后会被矿工打包记录在某一个区块中，当需要调用这个智能合约时只需要向这个智能合约的地址发送交易即可。

智能合约被部署在区块链中，合约的代码是公开的，所有人都可以检查代码的执行逻辑，查看这个代码是否正确实现了开发者所宣称的功能。同时，代码部署完成后将不可更改。因此，这个代码是值得信任的。智能合约就好像一个可以自动执行的合同，订立合同的双方预先设置一些条件，只要条件满足，它就自动执行，因此非常公正、可信，不用担心任何一方抵赖。所以，它可以在互不信任的交易双方之间建立信任。此外，智能合约部署在区块链上，所以它能够永久保存，能够随时执行，不用像中心化应用程序那样担心机器崩溃导致合约不能执行。由于执行智能合约的EVM内置了图灵完备的语言，所以智能合约可以实现目前任何计算机软件能完成的计算功能。充分地使用智能合约编程，就可以无限扩充以太坊的功能，这一切只取决于编程者的想象力和创造力。

这里举一个智能合约的例子。假设地球村的王大爷为了保证农作物的好收成，向保险公司购买了一份水灾保险。保险规定：一年内，只要出现某天降雨量超过100毫米的情况，保险公司就要进行赔付。因此，保险公司在以太坊上部署了一份智能合约，为了让读者能看懂，这里用汉语而不是Solidity语言来编写这份智能合约。

```
合约 天气保险
{
        得到投保农民的账户地址；
        收取农民的保险金；
        开始循环
            {
            取得当前日期；
```

```
如果当天在保险期内，则
    {
    从气象局数据库取得当天降雨量；
    如果降雨量大于 100 毫米，则
            {向农民账户赔付保险金；}
}
如果当天超出保险期，则
            {终止合约运行，跳出循环；}
}
}
```

保险公司把这份智能合约发送到区块链中。如果王大爷想向保险公司购买保险，则只需要向这个智能合约发送一笔交易，把自己的账户地址和保险金发送到合约中，就相当于双方签订了合同，并且合同立即开始自动执行。只要某天降雨量满足赔付条件，智能合同就会立即向王大爷赔付保险金。对于这份合同，王大爷非常放心，因为智能合约会忠实地按条件进行赔付，不用担心保险公司抵赖。而保险公司也节省了大量的人力、物力去说服王大爷信任保险公司，也无须在保险合同的签订上付出人力和时间。

14.3 以太坊的DAPP

DAPP是去中心化应用（Decentralized Application）的缩写，也就是指分布式的、去中心化的应用软件。例如，比特币系统就是一个去中心化应用。如果具体到以太坊上，去中心化应用就是指部署在以太坊上的智能合约以及为该合约编写的用户界面。

智能合约前文已经有所介绍。它部署在区块链中，通过向它发送交易来传递参数，并触发它执行。但是，这给普通用户的使用带来了很大不便，因为用户习惯使用一个有图形界面的软件，这样可以方便地和软件进行交互。例如，对于前文介绍的水灾保险的例子。王大爷在签订智能合约时会希望有个界面让他操作，他可以在该界面中填写自己的账户地址，填写保险金的数额，并启动合约。如果赔付条件成立，他也会希望在这个界面中看到自己的账户确实收到了赔付金。

为了开发DAPP，以太坊提供了一个称为Web3.js的开发工具。Web3.js可以和以太坊的节点进行通信，同时也可用于开发与智能合约对应的Web页面，以方便用户调用智能合约。目前，大部分的DAPP都是以互联网Web应用的方式提供给用户使用的。

下面来体验一个游戏DAPP，看它是怎样运行的。因为该游戏在浏览器中运行，必须要在浏览器中安装一个以太坊钱包客户端的插件MetaMask，所以首先介绍如何安装MetaMask。

14.4 以太坊客户端的浏览器插件MetaMask

MetaMask是一个浏览器插件，它在浏览器上实现了一个以太坊钱包客户端的功能，通过MetaMask，可以方便地使用浏览器来收发以太币，并通过浏览器与以太坊的DAPP程序进行交互。下面讲解如何在计算机上安装MetaMask。

（1）下载火狐浏览器（Firefox），直接在百度里搜索

“firefox”，就会找到相关的下载链接，如图14.2所示。下载该浏览器，并在计算机上安装它。

图14.2 | “firefox”的搜索界面

（2）在火狐浏览器中打开MetaMask插件的官方网站，单击蓝色按钮“+ Add to Firefox”就可以安装了，如图14.3所示。

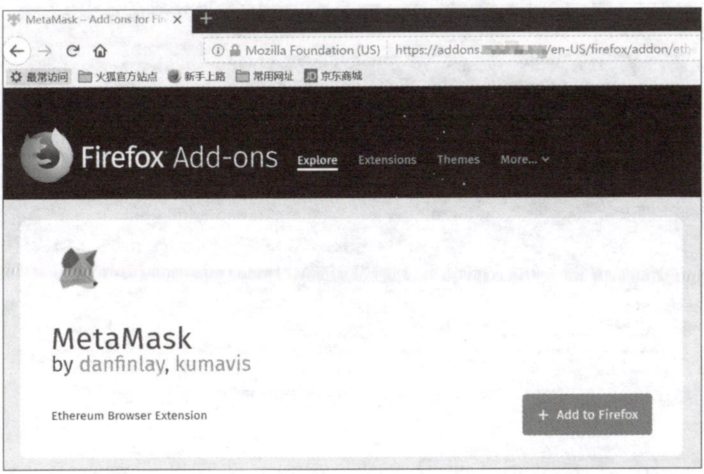

图14.3 | MetaMask插件的官方网站

（3）成功安装后，会发现Firefox浏览器的右上角多了一个狐狸图标，这就是启动MetaMask的图标，如图14.4所示。

图14.4 | 安装MetaMask后的界面

（4）单击狐狸图标，会出现一个对话框，提示用户如果登录进入MetaMask，则使用浏览器访问任何一个网站时，该网站都能看到你的账户信息，所以为了保证隐私，应当在使用完MetaMask后马上退出账户。单击“Accept”，表示接受这个提醒。接下来会显示使用条款，仍然单击“Accept”，最后出现MetaMask的登录界面，如图14.5所示。

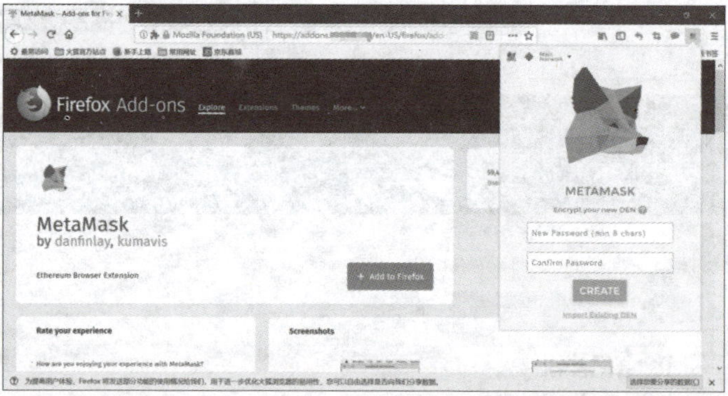

图14.5 | MetaMask登录界面

（5）因为是初次使用，登录界面会要求你设置密码，想好一个超过8位数的密码，填写到对话框中，在下面的对话框中再确认一次密码。随后，MetaMask会转入到账户创建界面。这个界面的对话框中显示了12个单词。这是恢复账户的助记词。需要把这12个单词复制出来，记录在单独的文件中，或者抄写到纸上，然后保存在安全的地方。这12个助记词不能让其他人看见，否则他凭借这12个助记词就能进入你的账户，偷走你的以太币（因为是演示，所以本书在截图中显示了这12个助记词，读者可以试试使用这12个助记词进入这个账户）。随后单击第一个按钮“I’ VE COPIED IT SOMEWHERE SAFE ”，进入下一步，如图14.6所示。

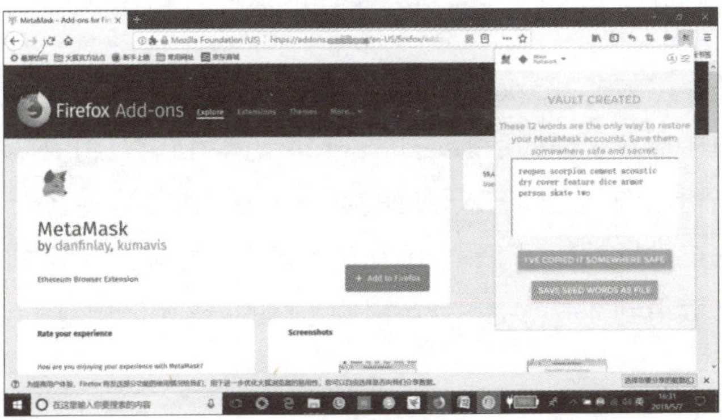

图14.6 | 账户创建界面

（6）现在进入了MetaMask的主界面，主界面显示了你的以太坊账户情况。在正式玩游戏前，还有一些备份工作要做。单击主界面上三个黑色的点，会弹出菜单。其中“Copy Address to clipboard”的功能是将你的账户地址复制到剪贴板，然后你可以粘贴到某个文件中保存；“Export Private Key”的功能是输出你的私钥，可以让你以文件形式保存私钥，或者复制到剪贴板后粘贴到其他文件中保存，如图14.7所示。

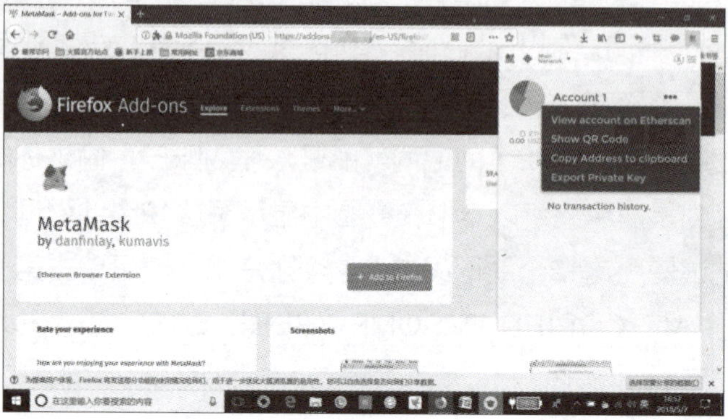

图14.7 | 主界面功能介绍

（7）单击“Export Private Key”，可以看到在随后出现的对话框中显示了你的私钥，如图14.8所示。私钥对用户来说非常重要，可以说它是你进入账户的唯一凭证，即使你将密码、助记词、账户地址都忘记了，仅凭私钥就可以恢复账户。同样的，其他人如果得到你的私钥，就可以偷走你的全部资产。

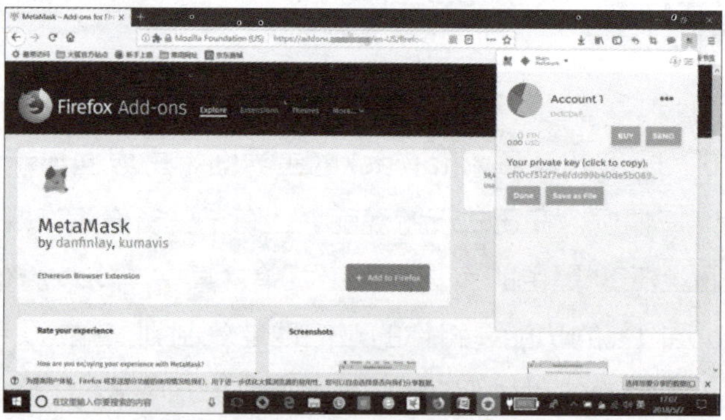

图14.8 | 显示私钥

14.5 以太坊DAPP游戏：Fishbank

现在来看一个基于智能合约的以太坊DAPP游戏，游戏的名字叫作Fishbank。这是一个简单的对战游戏，在这个游戏中，玩家可以拥有海洋中不同的鱼类，通过使用这些鱼进行战斗，使自己拥有的鱼不断成长，成为海洋中的霸主。在火狐浏览器的地址栏中输入Fishbank官方网址，并注意保持MetaMask处于登录状态。浏览器会显示如图14.9所示的游戏界面。在“Profile Data”栏目中输入你的邮箱和昵称，就可以注册进入游戏了。如果不习惯英文界面，游戏还有一个“CH”按钮，单击一下，就可以进入中文界面。

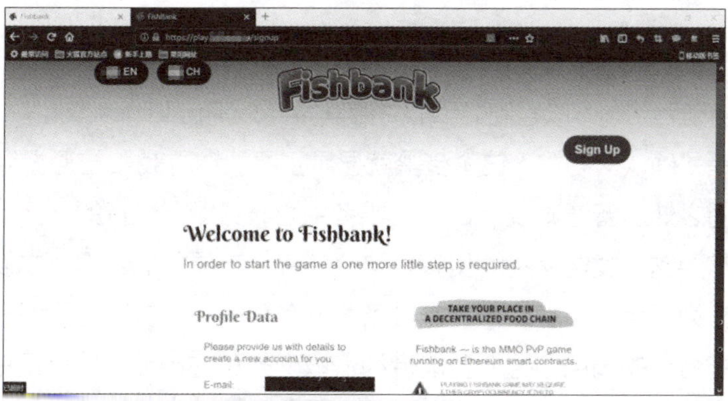

图14.9 | Fishbank界面

这个游戏获得鱼的方式有两种，一种是在鱼缸中进行捕捞，另一种是在游戏中购买其他玩家的鱼。获得鱼后，就可以利用自己的鱼进行战斗了。这个游戏中的鱼，本质上是符合ERC721标准的一串ID码，这个码会保存在玩家的以太坊账户里。

选中自己的鱼，然后选择攻击，会出现当前适合与你的鱼战斗的其他鱼的列表。选中一条鱼，单击“攻击”，即可启动与这条鱼的战斗，如图14.10所示。

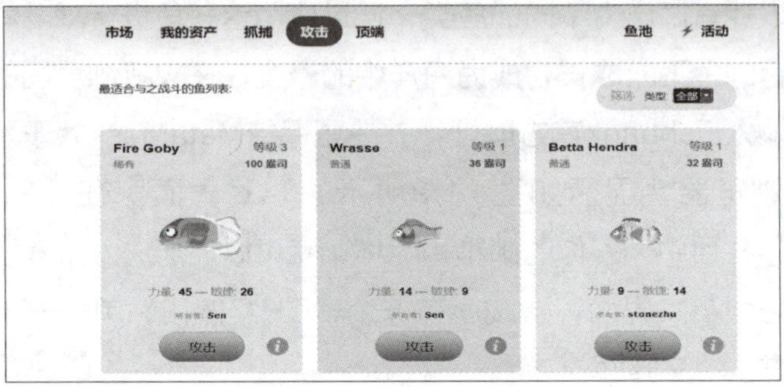

图14.10 | 选择战斗界面

启动战斗后，显示的界面如图14.11所示。这时MetaMask的界面自动启动，可以看到显示的对话框为“confirm transaction”，意思是“确认交易”。这个步骤就显示了区块链游戏和普通游戏的不同之处。普通游戏是在本地或者中心服务器上运行的，因此并不需要这个发送交易的步骤。这个“确认交易”的步骤，本质上是在为调用一个智能合约做准备。两条鱼的战斗实际上是对一个智能合约的调用，这个智能合约读取两条鱼的参数，然后根据参数进行战斗结果的计算，同时还辅以一定的运气值，最后得出哪条鱼获胜。前文讲过，在调用智能合约时，需要消耗一定的gas，所以在这个对话框中，需要游戏玩家确定Gas Limit和Gas Price两个值。这两个值决定了你愿意为本次调用使用多少ETH（以太币的单位为ether，但在实际使用时，某些软件或网站使用ETH来表示ether）。以太坊根据智能合约的代码来按步骤收取gas，如果最后收取的gas少于Gas Limit值，那么多余的gas会退回给玩家。如果执行到智能合约的某一条指令时发现累计的gas已经超过了Gas Limit值，那么会终止执行合约，但是已经收取的gas不会退回。此时你没有成功地完成战斗，但是gas白白消耗了。所以，Gas Limit值不宜定得太小。这里把它设置为76 000，Gas Price是指gas的单价，这里定为2，表示一个gas值2个Gwei。那么这样就定义了执行合约的最大消耗限额为76 000×2=152 000Gwei，等于0.000 152 ETH。

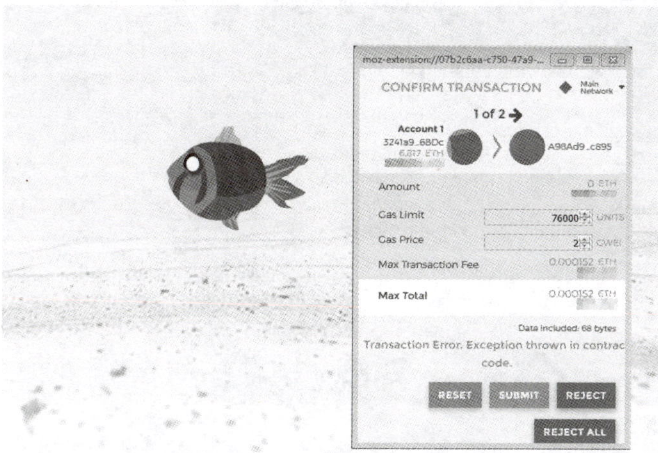

图14.11 | “确认交易”的界面

在设定好调用智能合约的相关参数后，单击MetaMask界面中的“SUBMIT”，即可调用智能合约开始战斗。这时游戏显示如图14.12所示。在MetaMask对话框中显示已经成功地把战斗参数发送到了合约账户中。而在Web界面中，显示出两条鱼正在战斗，但是需要等待战斗结果。按道理说，计算战斗结果的智能合约并不复杂，为什么还需要长时间等待呢？其实这里等待的是战斗结果写入以太坊。只有战斗结果写入了以太坊，才能认为最终得到了确认。写入以太坊是需要矿工打包的，而以太坊处理交易的速度有限，平均每秒处理13笔左右。当网络上交易量增大的时候，就需要较长时间进行等待。2017年以太猫游戏上线时，因为交易暴增曾导致以太坊网络严重拥堵。交易处理速度过慢，这也是目前公有链的一个短板。

图14.12 | 对战界面

在游戏中，所有的操作其实都是在调用智能合约，那么鱼的战斗是在执行哪一个合约呢？由于以太坊的账本是公开的，所以可以直接查看合约内容。可以通过网上的区块链浏览器来查看合约账户的情况，如图14.13所示。

通过在以太坊区块链浏览器的搜索栏中输入智能合约的账户地址，可以查看合约情况。图14.13显示了合约账户的情况。单击图中的“Code”选项，可以查看合约的源代码。下面显示了合约代码中的一段。

图14.13 | 查看合约

```
pragma solidity ^0.4.18;
/**
 * @title Ownable
 * @dev The Ownable contract has an owner address, and provides basic authorization control
 * functions, this simplifies the implementation of "user permissions".
 */
contract Ownable {
  address public owner;
```

```
event OwnershipTransferred(address indexed previousOwner,
address indexed newOwner);
/**
 * @dev The Ownable constructor sets the original `owner` of
the contract to the sender
 * account.
 */
 function Ownable() public {
   owner = msg.sender;
 }
 /**
  * @dev Throws if called by any account other than the owner.
  */
  modifier onlyOwner() {
  require(msg.sender == owner);
    }
    /**
      * @dev Allows the current owner to transfer control of the
contract to a newOwner.
    * @param newOwner The address to transfer ownership to.
    */
      function transferOwnership(address newOwner) public
onlyOwner {
  require(newOwner ! = address(0));
  OwnershipTransferred(owner, newOwner);
```

```
        owner = newOwner;
    }
}
contract Beneficiary is Ownable {
    address public beneficiary;
    function Beneficiary() public {
    beneficiary = msg.sender;
    }
    function setBeneficiary(address _beneficiary) onlyOwner public {
        beneficiary = _beneficiary;
    }
}
……
```

从上面的讨论中，可以看到基于区块链的DAPP游戏既与传统游戏有相似之处，也有很大的不同，在操作上也会比传统游戏更复杂一点。那么，这种游戏有什么优点呢？下面进行简要分析。

①基于区块链的游戏，其源代码是公开的，因此游戏玩家可以检查其代码，防止游戏公司利用中心化的优势来作弊，损害玩家利益。

②基于区块链的游戏，玩家在游戏中拥有的游戏资产被写入区块链中，能够永久保存。例如上面这个关于鱼的游戏，玩家的鱼被放入区块链的ERC721编码中。即使运营这个游戏的公司倒闭了，服务器也关闭了，并不影响玩家所拥有的鱼，这个资产仍

然被放在区块链中永久保存。

③基于区块链的游戏的账本是透明的，任何玩家都可以检查，这样就保证了游戏公司不能任意修改游戏的经济环境，这能够保证玩家的利益。

④游戏的驱动是由智能合约来完成的，任何人都不能作弊，也不可能使用类似“外挂”的程序来强化自己在游戏中的竞技能力。因此，区块链游戏保证了游戏的公平性，也能防止泛滥的“外挂”毁掉游戏的可玩性。

上面总结的这些优点，不仅存在于基于区块链的游戏中，其实对于基于区块链的DAPP来说，都具备类似的优点。未来，如果通过技术发展能够进一步解决公有链处理交易的能力瓶颈，那么基于DAPP的区块链软件一定会蓬勃发展。

第15章

EOS

前路漫漫：区块链3.0

眼看小明公司的业务蒸蒸日上，二黑坐不住了："我这么有钱，不能被小明盖过风头。"他马上也成立了一家公司，租了写字楼，花高薪聘请了以太坊开发的高级人才。

二黑忍不住去找小明炫耀："看看，我的公司还行吧，总经理是我从美国请来的，员工都是以太坊高级开发人员，紧跟世界最新技术！你的小公司是比不上的。要不这样，过几天我把你那公司收购了，你给我干得了。"

"不知天高地厚。"小明不屑地看着二黑，"还紧跟世界最新技术呢，现在又出了新的区块链系统，你知道吗？"

"什么最新区块链系统？我就知道以太坊是最好的！"二黑不服气。

"以太坊再好也还是有局限的，它的处理速度还是不够快，而且用起来也不方便。前一阵还因为热门的以太猫游戏发生了堵塞。所以，我们公司已经在跟踪最新的区块链解决方案了，打算攻克这些问题。"小明用居高临下的眼光看着二黑，"说不定到时候我有兴趣收购你们，带你们玩玩最新科技！"

为了证明自己的话，小明打开计算机，给二黑演示起来。他打开一个名为"EOS"的区块链系统，发送了一个"虚拟货币"。"你看看，发送操作能实现瞬间到达。"接着又打开一个账户，"你看看，我可以用生活中的词语例如xiaoming来作为账户地址，以太坊只能用一串奇怪的字符来作为账户地址。另外，如果我忘记了EOS私钥，还能找回呢。如果是以太坊，私钥丢了就什么都没了。”

“这种新的区块链真是越来越方便、快捷了。”二黑不得不承认这个事实，“小明哥，这你得好好教教我，大不了我和你合作。”

15.1 EOS闪亮登场

比特币系统设计了区块链的基本架构，并使用一个验证系统进行了持续十多年的稳定运行，初步显示了区块链技术的威力。以太坊对比特币系统的能力进行了扩充，特别是引入了智能合约，使得以太坊成为一台“世界计算机”。但是，这些系统仍然有局限性，存在交易处理速度不理想、账户结构单一、扩展能力有限等问题。因此，技术人员不断探索，希望能发展出更快、功能更强大的公有链系统。其中比较有代表性的就是EOS，它受到大家的广泛期待，希望它能成为区块链3.0，开创区块链技术的新时代。

EOS是由以丹尼尔·拉里默（Daniel Larimer）为核心的技术团队创造的。在网络社区中，因为他使用的网名是Bytemaster，因此大家又称他为BM，他曾连续成功开发了3个基于区块链技术的去中心化系统——Bitshares、Steem和EOS。丹尼尔·拉里默是一个技术天才，他于2003年从弗吉尼亚理工大学毕业。他一直有一个梦想，那就是找到一个能够保障人们生活自由和财产安全的市场方案。他认为如果有人能够提供这样一个方案，不仅可以挣很多钱，而且可以让这个世界变得更加美好。正因为这个目标，他很早就开始对区块链技术感兴趣，并解决了区块链技术中的很多难题。他是石墨烯区块链工具（Graphene）和股份授权证明（Delegated Proof of Stake，DPoS）的设计者。同时，他基于自己研发的Steem区块链创建了一个区块链社区应用——steemit，如图15.1所示，这大概是区块链世界中应用最广、运行最成功的区块链应用之一，现在它有近百万用户，每天大约产生20万篇新文章。

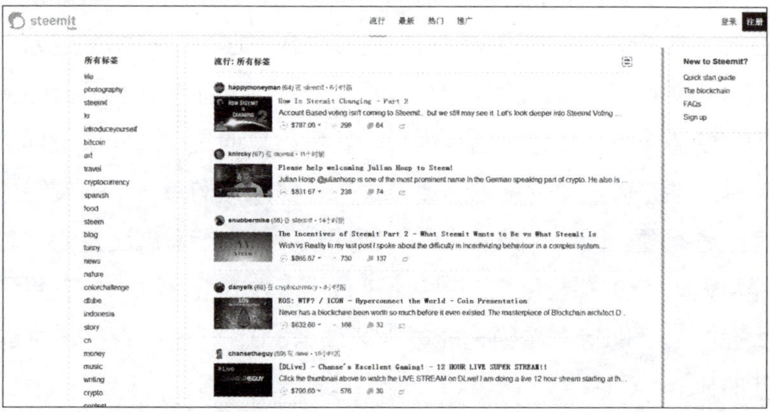

图15.1 | 基于Steem区块链的社区应用——steemit

丹尼尔·拉里默创建的EOS是一个允许开发者基于其协议创建区块链应用（DAPP）的新平台，如图15.2所示。EOS是Enterprise Operation System的缩写，意为商业操作系统。显然，丹尼尔·拉里默雄心勃勃，希望能创建一种未来能够支撑大规模商用软件的区块链基础平台，成为区块链世界中的Windows。EOS提出了一种新的区块链架构设计，它使DAPP可以横向和纵向扩展，其主要设计思想是通过构建一个仿操作系统的方式来实现区块链基础架构，在其上可以构建应用程序。EOS提供账户、身份验证、数据库、异步通信和跨越数百个CPU内核或集群的应用程序调度。由此产生的技术是一种区块链架构，它可以扩展至每秒处理百万级交易，消除用户的“交易费”，并且允许用户快速和轻松地部署去中心化应用。

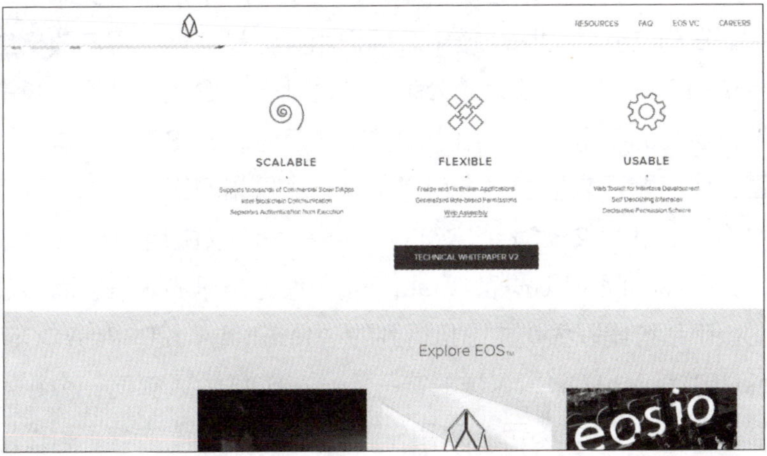

图15.2 | EOS项目的主页

目前，EOS的主链已经上线 。EOS最初提出的目标雄心勃勃，希望能建立未来区块链世界的基础设施，成为区块链核心底层技术，达到每秒百万交易级别的处理速度。但是，在其最近发布的“白皮书”第二版中，这个目标稍微往回缩了一点，提出只是力争将来达到。从目前EOS主链运行情况来看，其稳定性尚不是很好，离达到其目标有一定距离，还需要做进一步提升和改进。未来，EOS会击败其他区块链从而一统天下吗？或者是因为过于复杂和理想化而导致实用价值低下？我们只有拭目以待了。

下面对EOS的一些特点进行相关介绍。

15.2 EOS的账号与智能合约

EOS中引入了账号的概念，这对于用户来说显得更易于使用。在前文介绍的区块链中，标识用户的是地址（用户随机生成私钥，私钥生成公钥，公钥生成地址），但是地址是一长串没有意义的字符，对于用户来说很难记住。EOS为解决这个问题，使用账号来标识一个用户。这个账号和网络上常见的账号类似，一般为2～32个字符，并且账号可以由用户自己来定义，因此小明可以选择“xiaoming”作为自己的账号，而不是比特币系统或以太坊中随机得到的“1srE5Jty7a2P38qWCCsngkUfBxtevshDJH”这样的字符串。在EOS中，创建一个账号需要付出一点EOS币，这用来覆盖账户的存储成本。在丹尼尔·拉里默的设想中，这个成本一般由开发者也就是DAPP提供方来承担。

EOS基于账号及其应用提出了一套账户体系，这套体系要比以太坊的账户体系复杂得多，它更类似于多用户操作系统的账户体系。同时，EOS依据账户系统定义了不同账户之间智能合约交互的规则，因此EOS的账户和智能合约形成了一套紧密联系的系统。它主要有以下几个特点。

（1）账户的脚本程序和操作：EOS的每个账户都可以定义自己的专用脚本程序，可以有自己的专用数据库，但这个数据库只能由账户自己的脚本程序来访问和操作。账户之间可以通过脚本程序进行互动，它们通过消息（message）来传递不同账户脚本之间的参数。这个消息类似于以太坊账户智能合约之间互相传递的消息。但EOS在第二版的“白皮书”中，把术语消息（message）改成了操作（action）。通过脚本程序和操作进行组合，EOS就形成了自己的智能合约体系。

（2）账户角色的权限管理：账户之间发送操作时，必须要检查该项操作是否被正确授权。因此，EOS在账户体系中引入了基于角色的权限管理机制。所谓权限管理，就是检查交易是否具有所需的签名，如果该签名得到确认，且签名者具有进行这个操作的权限，那么执行这个交易。EOS中的认证和权限管理是标准化的，不管在其上开发哪种DAPP，都必须使用这一套权限机制。一个EOS账号命名了3种权限级别：Owner、Active、Friend。Owner是这个账号的所有者，他可以使用这个账号执行任何操作；Active权限可以做除了修改Owner以外的所有操作；Friend权限是由用户自定义的，例如规定Friend权限可以每天转账不超过5个EOS币。

EOS还定义了一套权限映射机制，它允许每个账户定义任意其他账户的智能合约与其自己的权限级别之间的映射。例如，账户持有人可将其社交媒体应用程序映射到账户所有者的“朋友”权限组。通过此映射，账户中的任何朋友都可以作为账户所有者，在社交媒体发布信息。即使这些朋友可以作为账户所有者发布信息，但他们仍然会使用自己的密钥来签名。这意味着可以确定哪些朋友，以何种方式使用了该账户。

（3）账户操作的强制延迟：为保障账户的使用安全，EOS还为账户定义了一套强制延迟操作规则。当某个账户进行一些操作时，开发人员可以规定这些操作需要等待指定的时间，这主要是为了预防某人的私钥被盗。当黑客盗取某人的私钥后，可以利用对应的账户执行一些操作。但由于这些操作被设定了延迟时间，所以操作被广播到区块链后，并不会马上执行。账户所有者会通过电子邮件或短信收到相应通知。如果这个操作并不是账户所有者自己发出的，那么他可以登录账户还原账户数据并撤回消息。因此，在一些重大的转账操作上，可以设定一个比较长的延迟时间，例如5天，这样用户有足够的时间发现账户被盗并且做出反应。

（4）恢复被盗私钥：在比特币系统或者以太坊中，用户的私钥代表着一切，一旦私钥被盗，用户就失去了对账户的控制。为了解决这个问题，EOS提供了一种方便的方式来恢复被盗取的私钥。为实现这个功能，首先账户所有者必须指定一些账户恢复合作伙伴，当自己的私钥被盗后，可以使用过去30天内活跃的账户恢复合作伙伴的私钥来恢复自己的账户，更改自己的账户私钥。在更改自己的账户私钥时，账户所有者和账户恢复合作伙伴必须共同配合，才能完成操作。EOS的账户如图15.3所示。

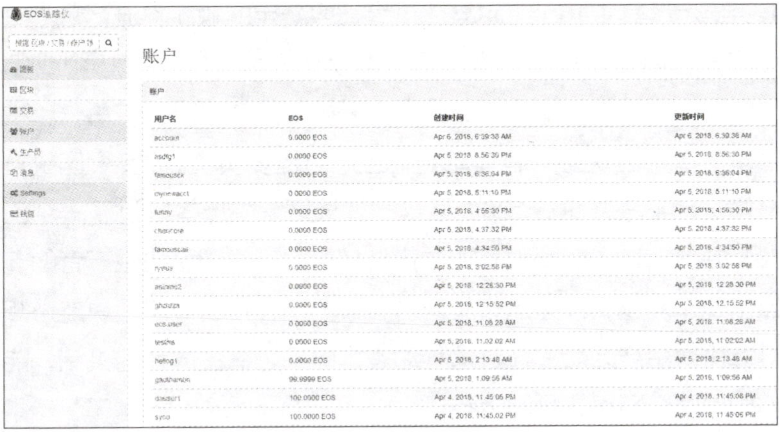

图15.3 | EOS的账户

15.3 EOS的共识机制

EOS使用一种称为BFT-DPoS的共识机制。这种共识机制基本上是由传统的股份授权证明（DPoS）加上拜占庭容错（BFT）算法共同组成的。前文介绍DPoS共识机制时曾经讲到，这种共识机制下的区块生产者（记账者）由所有节点投票选出，并负责轮流打包区块。在EOS中，又增加了限制条件，即只有持有EOS币的人才可以通过投票系统选择区块生产者，任何节点都可以成为区块生产者，前提是该节点要获得足够多的投票。EOS的区块生成速度很快，大约每0.5秒产生 个新区块，生产者应该在指定时间内生成该区块。如果在预定时间内没有生成，则跳过该块。当跳过一个或多个块时，区块链中会存在0.5秒或者大于0.5秒的间隔。

在EOS中，规定一共选出21个区块生产者（生产员），图

15.4显示了其中16个，这些生产者按照一定的顺序轮流记账。每记完一轮后，区块生产者的记账顺序被打乱，由其中15个或15个以上的生产者约定一个新的顺序开始下一轮生产。在每一轮生产中，每个区块生产者在轮到他生产时需要负责制造6个区块，这样一轮下来共生成126个区块。如果区块生产者错过了一个区块，并且在过去24小时均未生产任何区块，说明区块生产者的节点出现了问题，那么这个生产者会被删除，直到他向区块链通知打算再次生产区块。通过这种动态排除不可靠生产者的机制，能够确保整个网络的顺利运行。

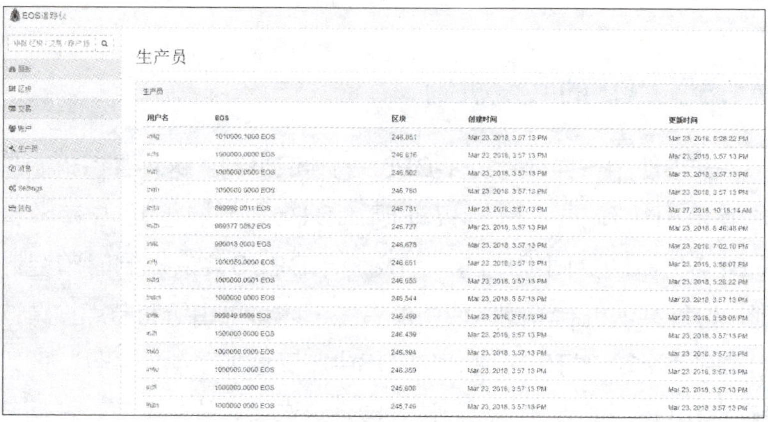

图15.4 | EOS的生产员

因为每次都是由一个生产者来产生区块，那么理论上EOS不会形成任何分叉。但是，如果生产者中有不诚实的节点制造恶意行为，那么也有可能在恶意攻击下产生分叉。如果有分叉，EOS仍然采用最长链法则。因为恶意攻击者总是占少数，那么在一轮生产中他能够制造的区块有限，因此恶意攻击者产生的分叉链的增长速度要比主链的增长速度慢，但诚实的节点总是选择较长的链来制造区块，从而剪除恶意分叉。此外，任何区块生产者都不应该同时在两个分叉上生产区块。如果区块链网络发现有生产者这么做，可能全网节点会进行投票，让不守规矩的生产者出局。

当区块进入EOS主链后，何时才能得到确认，保证其今后不会被剪除呢？EOS中使用了一个基于拜占庭容错的共识机制。EOS允许所有区块生产者签名所有区块，如果一个区块被15个生产者签名，则这个区块被认为已经得到确认，正式进入主链而不会被剪除。同样的，不允许区块生产者签名两个相同时间戳或相同高度（即区块的顺序编码）的区块，因为这意味着在两个分叉上同时进行签名。通过这种拜占庭式的签名确认模式，EOS可以在1秒内完成交易的确认。

为了防止分叉链占用太多的网络资源，EOS还提出了一种新的共识机制，它要求每一笔交易的数据中必须包括最近的区块头的哈希值（见图15.5）。这个哈希值有两个目的，一是防止分叉链上出现大量重复交易事务，二是使区块链系统能感知到用户是否在分叉出来的区块链上。随着时间的推移，所有用户最终直接确认区块链，这使攻击者很难伪造假冒链，因为攻击者无法将合法链中的交易迁移（因为交易通过前一个区块的哈希值连接起来了）。

图15.5 | EOS的交易

15.4 EOS的区块结构

EOS的区块结构较为复杂，如图15.6所示，每个块分为周期（cycle），每个周期分为线程（thread），每个线程包含交易列表，每个交易包含一组要传递的消息，这样最终形成了一个树状结构。之所以定义如此复杂的结构，主要是为了提高区块链处理事务的效率，让可以并发执行的操作尽量并行完成，这样可以在同一时间执行多个操作，从而提高区块链的运行速度。

EOS的区块在处理过程中，周期以顺序的方式执行，即先处理周期1，然后处理周期2、周期3。线程以并发的方式执行，即一个周期中同时执行多个线程。而同一线程内，交易和消息按照顺序执行的方式进行处理（见图15.7、图15.8）。在一个周期中生成的交易可以在任何后续周期或区块中传送。区块生产者不断把周期添加到区块中，直到达到最长的执行时间，或者没有新生成的交易需要处理。

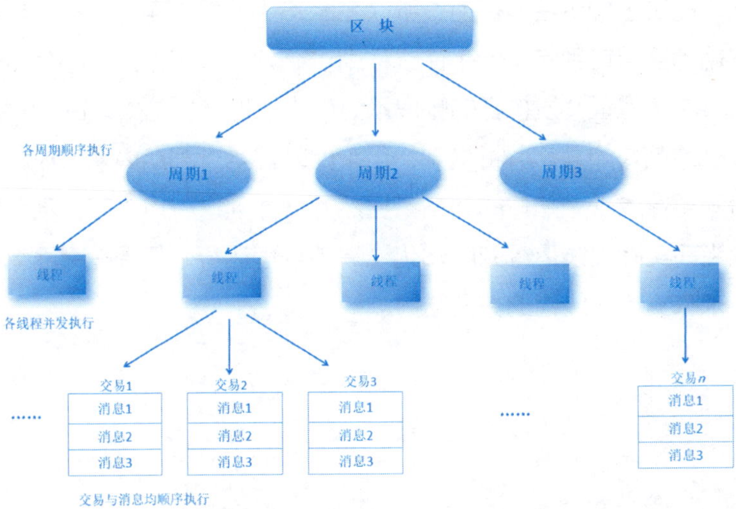

图15.6 | EOS的区块结构图

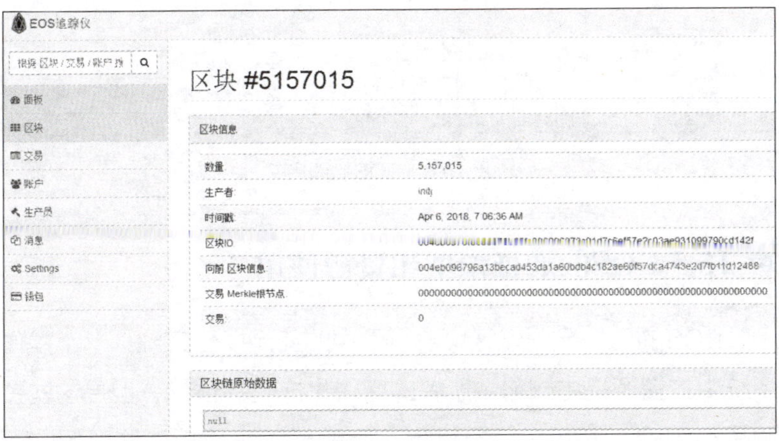

图15.7 | EOS的区块

因为线程是并发执行的，这时必须要考虑线程的同步问题，否则多个线程同时处理一个事务，就会造成混乱。因为区块链的共识取决于确定性的行为，所以在EOS中不能使用计算机系统中常用的互斥或锁定操作来使线程同步。如果没有锁定，必须用一些方法来保证并发执行的账户不会产生非确定性结果。EOS提出了一种区块的静态分析机制，用来保障在给定周期内两个线程不会同时修改一个账户的数据。显然，要做到这一点并不容易，所以当前实际上线运行的EOS仍然是单线程运行，但是在里面包含了未来支持多线程的数据结构。

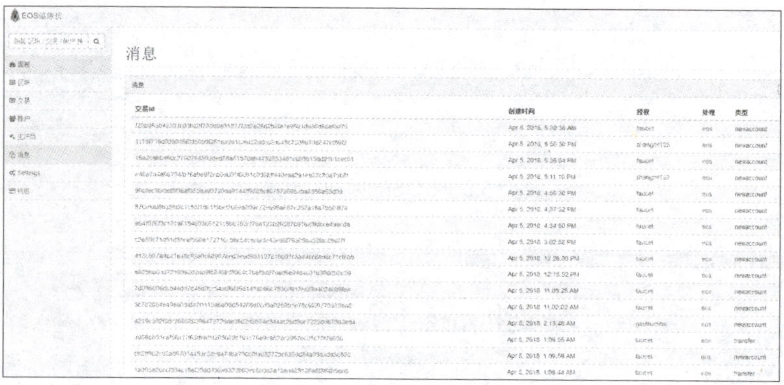

图15.8 | EOS的消息

15.5 EOS的通证模型和资源使用

EOS的目标是创建区块链世界中的通用操作系统，这个操作系统中的资源是由网络中所有的区块生成者提供的。但是这些资源是有限的，并且也需要付出一定的成本来支撑这些资源的运行。因此，必须有一套机制来防止这些资源被滥用。EOS中内置了一种通证（token），称为EOS币，作为分配带宽、存储、内存和计算资源的凭证。区块生产者可以发布他们可用的带宽、计算资源和状态的容量。EOS允许每个账户在一个为期3天的合约中，消耗一定比例的可用容量。例如，假设一个基于EOS的区块链应用启动，如果一个账户持有该区块链提供的总通证的1%，那么这个账户就可利用该区块链1%的状态存储容量。

EOS对资源的使用具有一定的限制规则，通常会尽可能地减少对资源占用。例如，对于硬盘等存储资源来说，EOS定义了区块链存储的状态应该是可从应用程序逻辑访问的信息，例如订单和账户等信息。如果一个应用程序从不需要读取某个状态，那么就不应该存储它。例如，应用程序不会读取博客文章内容和评论内容，因此不应将其存储在区块链状态中。但是评论数量、投票数量以及其他属性是与用户账户紧密关联且需要随时访问的，那么它们应该作为区块链状态的一部分进行存储。此外，EOS还使用了一些算法来限制DAPP对带宽的使用速率。

EOS在创建之初，其理想是用户可以免费使用整个区块链系统。但是从限制资源占用的角度来说，又必须利用经济学原则来控制资源的浪费。所以，EOS提出了一个原则，那就是DAPP的开发者应为用户支付代价。EOS认为对照传统的软件行业来看，支付办公空间、计算能力以及其他运营成本是企业的责任。客户购买了特定产品，这些产品销售收入用于支付业务成本，例如用户访问网站就不需要“付费”来支付管理成本。因此，DAPP不应强迫用户“付费”，而是应该由DAPP的运营者来“付费”。

■ 15.6 EOS的治理原则

在此前的比特币系统或以太坊中，由于社区意见的不一致，造成了区块链的多次分裂，通过硬分叉形成不同的链，这对区块链的健康发展造成较大的负面影响。为解决这个问题，EOS提出了整个系统运行的治理原则。这个治理原则并不是计算机系统的技术原则，而是针对真实世界的用户在EOS社区中进行沟通的行为原则。其主要包含3个方面，一是通过讨论就集体行动的主观问题达成共识，这些问题是不能完全由软件算法来解决的；二是形成共识后执行他们所做的决定；三是通过修改法则来改变治理原则本身。

在EOS中，整个网络的控制权由所有节点选出来的区块生产者掌握。区块生产者被授予一定的权限来冻结账户，更新有缺陷的应用程序，并且提出对底层协议的硬分叉升级。如果区块生产者拒绝社区所希望的改变，那么EOS中所有节点可以进行投票，取消这个区块生产者的资格。如果区块生产者在没有取得社区同意的情况下擅自进行更改，那么EOS中所有的节点进行验证时，将会拒绝这个生产者所生产的区块。因此，生产者也无法独自掌控整个系统。

区块生产者在系统运行中具备一定的权限来保障区块链的正常运行。例如，如果某个账户中的智能合约运行异常、产生漏洞或占用大量资源导致网络阻塞，区块生产者有权暂时冻结这个账户。不过，只有当EOS的21个区块生产者中有15个投票通过时，才可以冻结这个账户。当然，如果区块生产者滥用权力，他们将被投票出局，并且被无辜冻结的账户将解冻。另外，当某个账户出现异常时，区块生产者还可以更改它的账户代码，而不是分叉整个区块链，这个处理过程和冻结账户是一样的。

EOS的用户之间进行交互时，也必须遵守一定的规则（即EOS法则）。EOS允许区块链的用户在进行点对点的服务时，在用户之间签署合约，合约规定了双方的义务和权利。这两个账户在区块链上进行互动时，在网络上广播的每一笔交易都必须将EOS法则的哈希值作为签名的一部分，从而明确约束双方的合同。

15.7 EOS的虚拟机和脚本语言

EOS是作为一个向账户发送“操作”的平台进行设计的，而脚本语言和虚拟机是独立于这个平台的，可以作为组件嵌入到平台中。因此，只要符合EOS定义的相关规范，任何脚本语言或虚拟机都可以与EOS的应用程序编程接口（Application Programming Interface，API）集成在一起。当然，必须要求这些脚本语言或虚拟机具备足够的性能，并且具有确定性和正确的沙箱效果。

在EOS所有账户间发送的指令都是通过区块链共识状态模式来定义的，EOS定义了指令的JSON格式和二进制格式，在进行开发和需要展现时使用JSON格式，因为这样便于用户理解。在存储和传输时将JSON格式转换为二进制格式，因为这样效率更高。EOS中的数据库也是以这种方式来定义的，数据库存储和操作数据时采用二进制格式，在编码和检索时采用JSON格式。

EOS中也使用了隔离见证的技术，这和比特币系统中的技术是类似的。因为一旦区块链完成不可逆交易后，交易签名便会无关紧要。即使签名数据被缩减，当前状态仍可有效导出。由于签名占据了多数事务的大量数据，隔离见证可显著减少硬盘存储空间和同步时间。EOS的“白皮书”举了一个隔离见证的例子：在Steem博客社区中，博客帖子仅包括博客内容的哈希值（使用SHA256算法），帖子内容会存在隔离见证数据内，区块链生产者将查证内容的存在性及已有的哈希值。

第16章 各有千秋：不同区块链技术的竞争

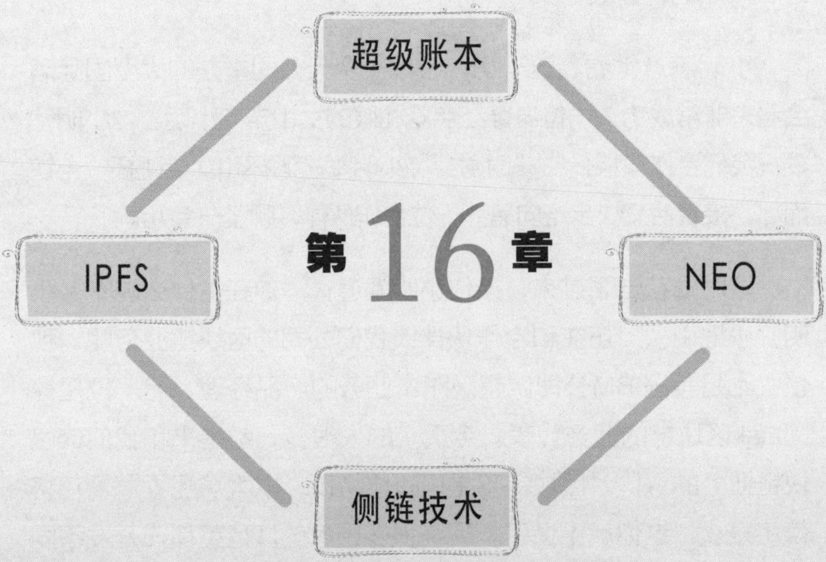

夏季的一个周末，小时身穿礼服，容光焕发地站在一家五星级酒店的会客厅里。客厅里站满了客人，他们三五成群地聚地一起，热烈地聊着天。

小明满意地看着这一切，心想：今天公司举办的大型国际酒会看来非常成功。一位身穿红色晚礼服的女士走向小明："小明，预祝我们合作愉快！""谢谢！"小明举起酒杯和女士碰杯，一饮而尽。接着他又快步走向另外一位合作伙伴，聊了一会儿。

这时翠花走了过来，接住小明问道："你在忙什么呢？"小明开心地说："正在和合作伙伴谈我们公司的区块链业务呢。那位女士是美国IBM公司做超级账本业务的产品经理，另一位是德国Lisk区块链的业务代表。今天来的人很多，都是来和我们谈区块链业务的。""区块链不是只有比特币、以太坊呢？"翠花将信将疑。"这你就不懂了，现在很多国家的IT精英都在开发不同特色的区块链，准备抢占先机，我们公司可不能错过这些机会。"小明笑着说，"这些新的区块链，就像今天酒会的嘉宾一样，各有千秋。我来好好给你介绍介绍吧。"

16.1 超级账本：Hyperledger Fabric

超级账本（Hyperledger Fabric）是Linux基金会主办的一个区块链平台项目，其积极的推动者和贡献者是IBM公司。超级账本旨在成为一个区块链程序开发的基础平台，在其上可以开发模块化结构的区块链应用程序，甚至共识机制和会员服务等核心功能都可以自由安装和组合。超级账本中也有智能合约，被称为链代码，使用一种称为容器的技术托管在链中运行。Linux基金会还为超级账本创建了一套开发工具，称为Hyperledger Composer。这是一套用于构建区块链网络的协同工具，它包含3个部分，一是一种名为 CTO 的建模语言；二是一个名为 Hyperledger Composer Playground 的用户界面，用于快速配置、部署和测试业务网络；三是命令行接口（Command Line Interface，CLI）工具，用于把使用 Hyperledger Composer 建模的业务网络与一个正在运行的超级账本区块链业务网络集成在一起。IBM公司大力发展了区块链平台，利用超级账本和Hyperledger Composer，构架了一个用于开发和部署企业区块链应用的平台。这实际上是一种平台层的云服务，称为区块链即服务（Blockchain as a Service，BaaS）。利用这个平台，用户可以方便地在本地、线上或者云中，简单快速地构建自己的区块链应用程序，如图16.1所示。

图16.1 | IBM的区块链平台

除了IBM公司以外，超级账本的参与者还有来自金融科技行业和银行业颇具影响力的其他企业，如英特尔、思科、伦敦证券交易集团、摩根大通、富国银行、道富银行等。总体来说，超级账本与比特币系统、以太坊或者EOS等公有链有较大的区别。超级账本是一个许可链，即参与该区块链的节点都是互相有协作关系，且经过许可后加入的协作节点。它是为企业构建的开源、通用的区块链平台。超级账本的技术架构如图16.2所示。

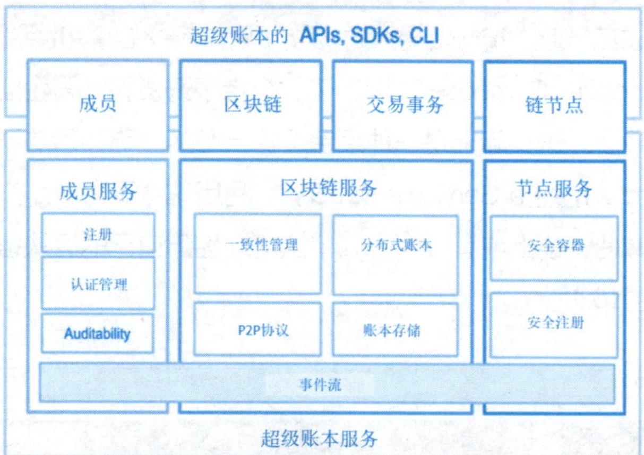

图16.2 | 超级账本的技术架构示意图

超级账本有如下几个主要特点。

（1）加入超级账本的成员必须获得许可：超级账本是一种许可链，也就是说，其中的所有参与者都必须有已知的身份，且必须获得加入许可。这主要是因为许可链必须考虑数据保护的问题，许多具体应用如金融或医疗行业中都需要遵守数据保护法律，因此许可链要求身份认证，需要知道网络成员和访问特定数据的人的身份。

（2）模块化结构和可扩展性：超级账本构建于一种模块化架构之上，该架构将交易处理分为 3 个阶段——分布式逻辑处理和协商（链代码）、交易排序以及交易验证和提交。这种模块化的结构提供了很多好处，不同节点类型之间需要的信任和验证水平更低，网络可扩展性和性能也得到了优化。例如，如果超级节点网络中需要添加一些对等节点，可以通过编程的方式让这些节点动态加入。

（3）交易处理流程：超级账本中有两类交易，一是部署交易，用于在区块链网络上部署创建的链代码（智能合约）；二是调用交易，用于调用区块链上已经存在的链代码来执行操作。在超级账本中，处理交易的流程如图16.3所示。

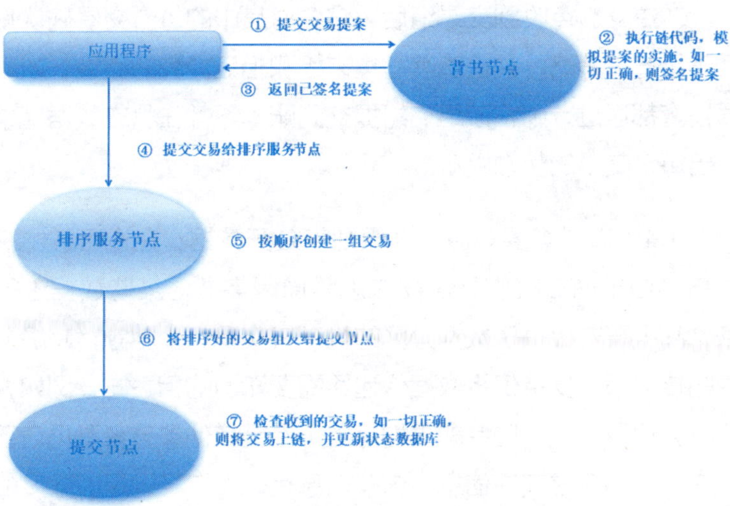

图16.3｜超级账本的交易处理流程

基本流程包含以下7个步骤。

①应用程序将交易提案提交给背书节点。

②背书策略规定需要多少个背书者或哪种背书者组合来签名提案。背书者执行链代码，在网络对等节点中模拟该提案，并创建一个读写集。

③背书节点将经过签名的提案背书发回给应用程序。

④应用程序将交易和签名提交给排序服务节点。

⑤排序服务节点根据收到的交易，按顺序创建交易序列组。

⑥排序服务节点将交易序列组传送给提交节点。

⑦提交节点收到交易组后，它会对其中的每个交易确认其是否满足背书策略，并检查读写集来检测相互冲突的交易。如果两项检查都通过，则将该组交易提交到账本，并在状态数据库中反映出每个交易的状态更新。

（4）以“需要知道”为原则来公开数据：在许可链中，各参与者由于商业机密和法律法规等原因需要对某些数据进行保密，超级账本提供了数据分区的机制来实现保密问题，超级账本中的传输通道支持仅将数据传递给需要知道的相关方。例如，在金融区块链中，一些金融机构可能不希望其他参与者看见自己的客户信息和金融交易信息，这些信息有时没有经过足够强度的加密，容易被破解，因此需要提供数据分区功能，只有被授权的参与方才能看见这些数据。

（5）提供对账本的多种查询手段：在超级账本的区块链中，每个节点都保存了全网的总账。总账以两种形式保存——LevelDB数据库或CouchDB数据库。LevelDB是一个键值数据库，里面保存的交易是以“键/值”的方式成对保存的，这类似于以太坊状态数据库的保存方式。LevelDB支持键查询、组合键查询和键范围查询等查询方式。如果还需要更直观的格式查询，就可以使用CouchDB数据库。它支持 LevelDB 的基本功能，同时还支持文档方式的查询，其内容是以JSON 格式保存的。JSON 格式非常直观，输出的文本数据可以被查询者直接看懂。因此，当在区块链上从事业务的人员需要生成简单报告和执行审计功能时，可以直接使用JSON格式生成资产报告。

（6）支持插件组件：超级账本是模块化设计的，因此开发人员能够方便地插入定制化的组件，这样可以灵活地开发应用程序，同时还可以最大限度地与已有的程序兼容，方便参与的公司能够顺利地将原有的应用软件迁移到区块链上。例如，“自带身份”模块就是需求最多的模块，一些多公司网络已拥有身份管理功能，并希望重用该功能，而不是重新构建它，因此可以把它设计成标准组件，开发人员需要时可以轻松插入系统。此外，还有共识组件以及加密组件等，都是开发人员经常需要的。

（7）保护数字密钥和敏感数据：超级账本提供了硬件安全模块（Hardware Security Module，HSM），这用来保护和管理数字密钥，这对于区块链实现完善的身份验证非常重要。超级账本提供了密码设备的接口指令标准 PKCS#11，并用它来生成密钥，这样便于使用硬件（例如USB Key）来保管参与者的密钥，还支持对密钥的加密，这样更利于保护密钥和敏感数据。

16.2 智能经济：NEO

NEO是由我国技术人员发明的一种区块链技术，它的源代码是开源的，发布在GitHub上。NEO的主要目标有两点，一是利用区块链技术和数字身份进行资产数字化；二是利用智能合约对数字资产进行自动化管理。NEO希望成为数字资产链上注册、发行和流转的平台，可以用于股权管理、债权转让、ABS资产证券化等一系列领域。NEO于2014年开始进行底层代码的开发，2016年正式上线，其早期的名称为小蚁区块链（Antshares）。当前，NEO已成为世界排名前列的公有链，国际咨询机构Weiss甚至于2018年2月将其排名为世界第一。NEO从默默无闻到一鸣惊人，还是源于其始终坚持做好底层技术，坚持做好代码开源工作，目前NEO平台已经有成千上万名开发人员，遍布世界各地，已经成为一个具有广泛国际影响的全球性区块链项目。NEO的reddit社区如图16.4所示。

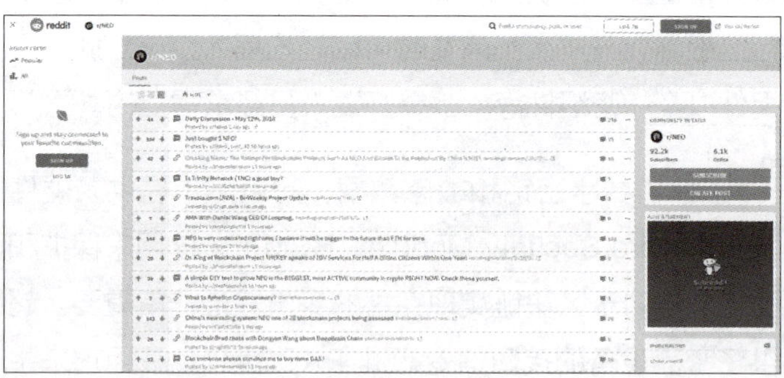

图16.4 | NEO的reddit社区

下面简要介绍一下NEO的特点。

（1）NEO的共识机制：严格来说，NEO是一种半中心化的区块链，它采用了一种类似于EOS的DPoS共识机制——改良拜占庭容错（Delegated Byzantine Fault Tolerant，DBFT）。之所以采用这种共识机制，主要是为了提高效率。如果像比特币那样彻底去中心化，目前比较合适的共识机制可能还是PoW，而在这种共识机制下，效率是难以提升的。因此，NEO通过在去中心化程度与效率之间寻找平衡点，通过半中心化大幅提升处理效率。NEO采用的DBFT共识机制是一种通过代理投票来实现大规模节点参与共识的机制。在NEO中，共有1 000个备选节点，但一次只选出7个超级节点进行协作记账，在DBFT共识机制中，如果一次只有少数节点需要达成共识，那么速度就很快，可以实现较高的效率。

DBFT的算法原理大致是这样的：区块链中有两种节点，一种是超级节点，另一种是普通节点。超级节点由普通节点选出并参与记账，普通节点不参与记账，但可以看到共识过程，并同步账本信息，在本地保存完整的账本。区块链中总共有7个超级节点，被分为1个议长节点和6个议员节点，议长节点会轮流当选。每次记账时，先由议长节点发出记账提案，所谓记账提案就是拟记账的区块内容，一旦有至少5个记账节点［计算公式是（2×7+1）/3=5］同意了这个提案，那么这个提案就成为最终发布的区块。区块一旦发布，就成为不可逆区块，里面的所有交易都是百分之百确认的。如果存在一定时间内还未达成一致的提案，或者发现有非法交易的话，可以由其他记账节点重新发起提案，并且当至少5个记账节点同意后，就能形成最终确定的区块了。NEO通过使用DBFT 共识机制，可以达到每 15~20 秒生成一个区块的速度，而交易处理速度可达到每秒约1 000笔交易，通过适当优化后这个速度还可以进一步提升。

（2）智能合约：NEO 的智能合约体系主要由3部分组成——NeoVM（NEO虚拟机）、InteropService（互操作服务）、DevPack（高级语言编译器和IDE插件）。下面分别进行介绍。

①NeoVM 提供了虚拟硬件层，使其对智能合约的执行进行支持，NeoVM通过软件虚拟了CPU、调用栈、计算栈、备用栈等硬件功能。NeoVM 提供了一套简单而实用的指令集，用于构造智能合约程序。其主要包含8类指令：常数指令、流程控制指令、栈操作指令、字符串指令、逻辑运算指令、算术运算指令、密码学指令、数据操作指令。NeoVM还有一个特色就是在它的指令集中包含了一系列的密码学指令，如 ECDSA、SHA 等算法，这样可以优化智能合约中用到密码学算法时的执行效率。NeoVM 在虚拟机层面还提供了程序调试功能的支持，可以对合约代码设置断点，还可以单步、单过程执行等。总之，NeoVM功能较为强大，能够很好地支持各类程序开发、编译和运行。

②InteropService这种互操作服务就类似于计算机上的接口，通过与接口连接就可以挂上打印机、显示器、摄像头、U盘等设备来提供服务。NEO的互操作服务主要用于加载区块链账本、数字资产、数字身份、持久化存储区等底层服务。它们就像

是为虚拟机提供的虚拟设备，使智能合约可以在运行时访问这些服务，从而实现一些高级功能。通过这种模块化加载的方法，NeoVM 可以被移植到任意区块链系统中使用，这样就使NEO智能合约的适用领域大大拓宽。

③DevPack是NEO智能合约的开发工具包，它包含高级语言编译器和 IDE 插件。当程序员开发用于NEO中的智能合约时，他们不再像开发以太坊智能合约那样需要学习一门新语言（例如Solidity），而是可以直接用他们熟悉的语言如Java、C#等进行开发。同时，由于这些语言本身就有很成熟的集成开发环境（Integrated Development Environment，IDE），所以程序员可以在 VS、Eclipse 等熟悉的 IDE中快速编写智能合约。这使NEO智能合约非常易于开发，也大大扩充了NEO的DAPP开发队伍，可以快速建立软件生态。

通过访问“NEO dApp”官网，可以看到基于NEO开发的一些DAPP应用，目前NEO的软件生态还在不断扩大中，如图16.5所示。

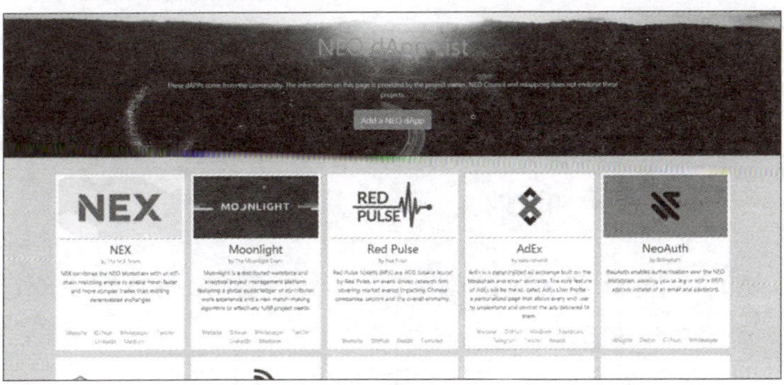

图16.5 | NEO的DAPP

（3）NEO的通证（token）经济学：NEO是一种公有链，它面向全球提供服务。由于区块链上的资源是有限且有成本的，因此必须在区块链中内置一种奖惩机制，以避免资源滥用。NEO中内置两种通证（token），一种称为NEO，另一种称为GAS。其中，NEO 是用于管理的通证，总量为1 亿份。持有NEO的用户才有可能获得NEO的管理权，例如进行投票选出超级节点进行记账、更改NEO 网络参数等。此外，持有NEO还可以不断获得对应的GAS。按照NEO持有时间的长短和持有数量的多少，系统会不断给NEO持有人分配GAS。GAS 是燃料通证，总量也是1亿份，用于实现对 NEO使用时的资源控制。和以太坊类似，在NEO中，一切对资源的操作都需要使用GAS作为交换。例如，对于转账操作、智能合约部署、合约运行调用等都需要使用GAS，从而实现对记账者的经济激励和防止资源滥用。在 NEO的创世块里，1 亿份 NEO 已经生成，而 GAS 尚未生成，数量为零。1 亿份 NEO 所对应的 1 亿份 GAS，将通过一个衰减的算法在约 22 年的时间内逐步生成，并按比例发送给持有NEO通证的地址。如果NEO通证转入新的地址，之后的 GAS 也将在新的地址生成。NEO 持有人可以在任意时间发起一笔认领交易，将这些 GAS 认领到 NEO 的地址上。NEO的通证机制，实质上是将管理权（投票权）和使用权进行了分离，这样系统运行管控将会更加清晰。

通过访问NEO区块链浏览器，可以看到所有账户中的通证状态，如图16.6所示。

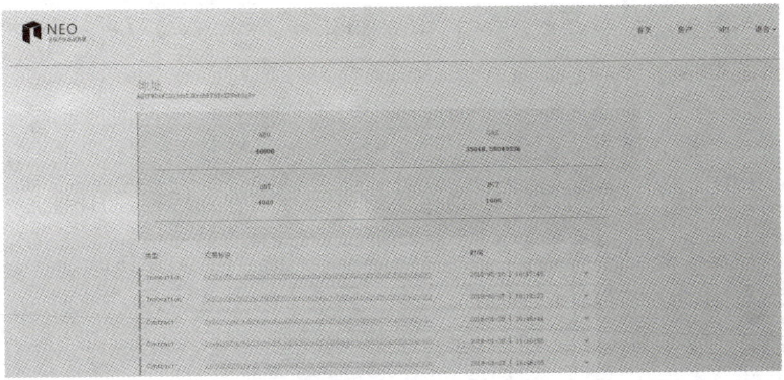

图16.6 | NEO区块链浏览器

■ 16.3 侧链技术：Lisk与Asch

区块链技术在发展过程中，面临的较为突出的问题可能就是系统的承载问题。当公有链上的应用出现大幅增长时，系统的处理能力难以跟上，会导致区块链网络发生严重的拥堵。虽然比特币系统只承载了比特币这一个应用，但目前运行已经非常缓慢，一笔转账要数小时甚至数天才能确认。以太坊由于加入了智能合约功能，大量的DAPP上线运行也会造成网络的极度拥堵。例如，2017年著名的以太猫游戏上线时，就造成了以太坊网络的阻塞。该游戏上线不到一周，就占据了以太坊网络中15%以上的交易事务量，导致网络中其他交易事务被积压，长期得不到处理。如果只是一个热门的DAPP就造成网络如此拥堵，那么很难想象以太坊真的能作为“世界计算机”进行使用。为解决性能问题，技术人员从改进共识机制、改变区块大小、增加链外通道等方面提出各种方案，但这些方案都是基于单链性能的改进，对于未来需要承载数万甚至数十万应用的公有链来说，这种改进仍然不能彻底解决问题。

于是，技术人员进一步更换思路，能不能从某个区块上“生长”出另外一条专用链，把这些专有的应用放到这条专用链上，只有必要时才把数字资产从专用链上转回主链呢？这样，可以一条专用链上运行“以太猫”应用，另外一条链上运行“以太狗”应用，只有需要时才把这些数字资产转回以太坊主链运行。热门的DAPP都在专用链上运行，不会对主链造成拥堵。这种在主链上分支出专用链的技术就称为侧链技术。当然，侧链的运行不能干涉主链，即主链的记账者并不会在侧链上增加区块，否则就成了主链的硬分叉。从本质上来看，侧链协议是一种跨区块链解决方案。通过这种解决方案，可以实现数字资产从主链转移到第二个区块链上，又可以在稍后的时间点从第二个区块链安全返回到主链。

为了不让侧链影响到主链，实现侧链的技术基础是双向锚定（Two-way Peg），通过双向锚定技术，可以实现将数字资产在主链中暂时锁定，同时将等价的数字资产在侧链中释放，同样，当等价的数字资产在侧链中被锁定的时候，主链的数字资产也可以被释放。双向锚定实现的最大难点是协议改造需兼容现有主链，也就是不能对现有主链的工作造成影响。实现侧链楔入主链的方式有很多，如单一托管方式、联盟方式、SPV方式、驱动链方式等。当前应用比较广泛的是SPV方式（Simplified Payment Verification）。SPV方式由比特币核心开发者亚当·贝克（Adam Back）和马特·克拉洛（Matt

Corallo）等人提出，发表在侧链白皮书《用楔入式侧链实现区块链的创新》（Enabling Blockchain Innovations with Pegged Sidechains）中。SPV方式规定当数字资产需要从主链迁移到侧链时，用户可在主链上将其发送到一个特殊地址，通过这种方式锁定主链的数字资产。这个数字资产会在主链上锁定一段时间（确认期），这主要是为了保证该笔交易在主链上得到确认，防止出现双花。当主链上的锁定操作确认后，系统会创建一个SPV证明并发送到侧链上。侧链收到这个证明后，会验证主链上的数字资产是否确实已经被锁住，并创建一个对应的带有SPV证明的交易，然后就可以在侧链上打开具有相同价值的另一种数字资产。用户可以在侧链上应用这些数字资产，当用户需要返回主链时，会重复一次锁定过程。该资产将在侧链上被锁定，在一定的等待时间后（重组期），就可以创建一个SPV证明，并发送回主链上。通过这个SPV证明可以解锁主链上的数字资产，如图16.7所示。

技术人员利用侧链技术创建了一些新的公有链，其中比较著名的就是Lisk。该链由德国的马克思·科尔德克（Max Kordek）和奥利弗·贝多斯（Oliver Beddows）于2016年初创立。Lisk中的每一个DAPP都可以在自己的侧链上运行，并且可以用流行的JavaScript语言开发。因此，Lisk的应用开发非常快速，且由于所有的应用都在侧链上，其主链的运行也非常高效。

中国技术团队也于2016年创建了一条基于侧链的公有链，称为阿希链（Asch）。根据其白皮书，Asch对自己有两个定位，其一是定位为一个开放的、去中心化的公有链应用，其中内置了通证XAS，用于作为在侧链和主链间转移数字资产的媒介；其二是定位为一个去中心化的应用平台。Asch以JavaScript为开发语言，提供了一系列的SDK和API来帮助开发者构建基于侧链技术的去中心化应用，使开发者可以方便地打造自己的DAPP。同时，Asch还内置了一个应用商店，可供开发者发布自己的应用，平台中的分布式节点可下载这些应用并执行。

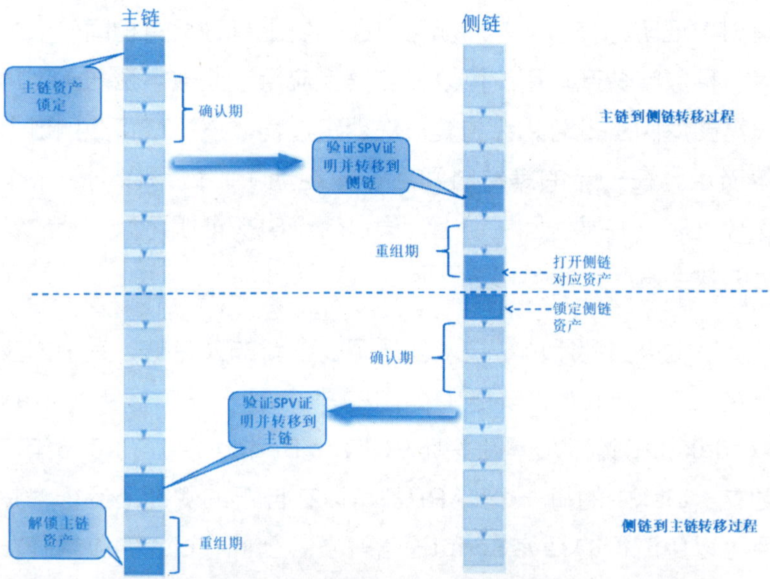

图16.7 | 主链与侧链之间的数字资产转移过程

考虑到Asch是我国技术人员创建的，并且目前在世界上也具备了一定的影响力，因此这里详细介绍其主要技术特点。

（1）账户与数据存储：Asch使用账户来存储用户的状态，这和以太坊有些类似，并没有使用与比特币类似的UTXO数据结构。Asch的每个账户由一个口令、一对公私钥、一个地址组成。用户还可以额外设置一个二级密码。既然有账户概念，就必然有数据库来存储用户状态数据。Asch所使用的数据库和以太坊不同，以太坊使用的levelDB采用“键/值”的形式存储数据，是一种非关系型数据库，而Asch为了方便用户开发DAPP，使用了一种轻量型的关系型数据库SQLite，并且其支持SQL语言。

（2）共识机制：Asch采用基于DPoS的共识机制，但同时也结合了一个优化后的PBFT算法。这个算法主要是为了防止委托人联合作恶。Asch的记账者由101个委托人节点组成，委托人是被社区选举的可信账户，得票最高的101个委托人负责生产区块。Asch的区块生成时间是10秒，每一轮由每个委托人生成一个区块，总共101个区块。随后在下一轮中采用随机的方式打乱委托人生产区块的顺序，再进行下一轮记账。在委托人记账过程中引入了PBFT算法，这是指选出委托人后并不立即创建区块，而是首先发起一个提议（propose），这个提议的目的是确定下一个区块的哈希值。当超过2/3的节点都赞成该提议时，才接收由提议人创建的下一个区块，下一个区块的哈希值必须与当前记账轮次达成共识的区块哈希值一致。

（3）侧链与DAPP：Asch提供了一个命令行工具软件，可以用来轻松创建一个基础的侧链系统，侧链的开发者也可以深度定制自己的侧链，侧链拥有自己的数据库、共识机制、交易类型以及账户体系。Asch中的DAPP部署在侧链上，其内部的交易事务由主节点负责处理，而主节点则由DAPP所有者运行。DAPP所有者必须拥有一个Asch 账号，这个账号类似多签名的账号，它的主要任务是在DAPP主节点创建共识并签名新的区块，如多签名钱包。DAPP中区块的不易篡改性是由Asch主链来保证的，主节点负责计算DAPP中每一个区块的哈希值，并将这个值发送到Asch主链。Asch主链会将这个哈希值打包进区块，这样就保证攻击者无法修改侧链的区块数据。

■ 16.4 星际文件系统

星际文件系统（InterPlanetary File System，IPFS）是一种很有趣的区块链，它的主要功能是为用户提供分布式的、去中心化的文件存储和检索服务。这种分布式文件系统也是很有颠覆性的，因为它瞄准的替代目标是当前互联网上非常广泛的应用：基于HTTP协议的Web文件系统，也就是常用的万维网。

为什么要替代目前的Web文件系统呢？IPFS的白皮书中提出了目前Web文件系统的几个缺点。

（1）Web文件系统是集中式的专有服务，文件的控制权在大型的网站服务商手中。用户基于对大型网站的信任而接收网站的文件服务（浏览、下载等）。但是，某些时候这些信任可能会被破坏，例如某些黑客可能篡改了网站的页面，植入木马，或者在网站提供的可下载软件中植入病毒等。

（2）Web文件系统的文件服务容易在性能和带宽方面遇到问题。因为它是点对点的服务，如果同时有大量用户访问相同的页面或功能，网站的服务器很可能因为负载过大而崩溃，或者发生网络阻塞而无法访问。

（3）在Web文件系统中，文件是基于路径来访问的，因此浏览者必须要通过层层烦琐的目录设置来定位要访问的文件，浏览者经常可以在浏览器的地址栏中看到某个网站的域名后面跟着一长串子目录。这种基于目录的寻址对浏览者来说其实是很不方便的，如果要向其他人提供一个文件，可能需要输入很长的一段链接文本。虽然可以通过页面的超链接来访问，但是如果超链接损坏或发生错误，一个有用的文件就可能淹没在复杂的目录中难以寻找了。

（4）由于Web文件系统是中心化的，如果一家网站的运营公司倒闭，那么该网站中的所有文件就都消失了。另外，即使网站保持正常运营，其站点的历史文件或数据也会定时清理，那么这些文件就再也不能访问了。

IPFS针对这些问题，设计了一个去中心化存储网络（Decentralization Storage Network，DSN）。IPFS的去中心化存储网络聚集了由多个独立存储提供商（就是IPFS中的矿工）提供的存储，并且能通过内部的协调机制向网络用户提供存储数据和检索数据服务。这种协调是去中心化的、无须信任的：通过协议的协调与个体参与者能实施验证操作，系统可以获得安全性操作。IPFS有内置通证，称为Filecoin。IPFS中的矿工可以通过为用户提供存储来获取Filecoin。相反的，用户可以通过使用Filecoin来雇佣矿工存储数据或者检索数据。IPFS中矿工的挖矿不像比特币系统那样做无意义的计算，而是通过存储数据进行挖矿，这样就为用户提供了有意义的服务，从而确保矿工正确存储他承诺存储的数据。为了确保矿工正确存储数据，IPFS中设计了“时空证明”和“复制证明”两种机制。矿工挖矿（存储数据）时，必须向区块链提交相关的证明，系统确认其挖矿的有效性后再给予奖励。为了鼓励大家提供存储服务，一个矿工提供的存储量越大，那么他挖矿成功的概率就越高。

IPFS中内置了智能合约体系，使用户可以编写含有状态数据的程序，通过使用通证向系统请求存储或检索数据，并验证存储证明。和以太坊类似，用户可以创建一个调用合约的交易并发送到区块链中，从而触发合约中的功能函数来与区块链系统进行交互。IPFS还在设计一种跨链交互机制，这样在其他区块链中也能使用IPFS的存储网络，这样就将IPFS变成了一块“世界硬盘”。相对于前面所讲的Web文件系统的缺陷，IPFS具有以下优点。

（1）安全性强：IPFS中存储的文件在用户端经过了加密，只有用户自己才知道解密密钥。提供存储的矿工不知道文件内容，黑客即使盗取了文件也无法识别。此外，区块链中的数据是不能篡改的，因此黑客也无法篡改现有文件。

（2）永久保存：IPFS是分布式存储的，一个文件被分成多个碎片，并保留多个备份存储在网络上。IPFS协议使得这些文件可以通过冗余备份实现自我修复，永远不用担心丢失或者被破坏。

（3）简单寻址：如果需要在IPFS上检索文件，只需要提供文件的哈希值就可以了。系统会通过一个分布式的哈希表找到存储文件对应的节点，从而直接获取文件。这样不再需要记住复杂的目录体系，这更符合我们日常应用的习惯。

（4）通过并发访问解决性能瓶颈：由于文件被分成小块存储在不同节点上，因此在检索或者下载时，可以同时下载文件的各个部分，这样大大提高了文件的读取速度，同时也不会给单个节点造成过大的负载。

IPFS协议目前已经有了一些示范性的应用，例如AKASHA网站，这是一个基于以太坊和IPFS的博客平台，如图16.8所示，用户可以在平台上记录自己的博客日志，并把内容存储到IPFS上。很多人都有过在大型网站上丢失个人文字记录的经历：多年辛苦写作的个人博客或者同学圈日志，因为网站栏目经营不善关闭后，自己写下的文字全部遗失。AKASHA这个平台就不会出现这种情况，即使有一天这个网站倒闭了，你的博客内容仍然可以长久保存在IPFS上，这是不是很酷呢？

图16.8 | 基于IPFS的AKASHA博客系统

第17章

一展身手：区块链的行业应用

小明公司的会议室里，一场严肃的会议正在召开。“当前公司的业务形势非常好，为了进一步推动发展，我决定扩大规模，把公司升级成为集团。”小明用铿锵有力的语调说出了这个决定。“另外，我们要成立若干个子公司，分别在不同的行业内推广区块链技术的应用。”

“我们成立的第一家子公司就专门从事农产品交易和物流的区块链应用系统开发。”小明一边说一边扶起身边的一位老人，“这是我们地球村的王大爷，我宣布，任命他为第一家子公司的高级顾问。”“这可不行，我干不了。”王大爷吃了一惊，“我种地、买卖粮食还行，你们这些高科技我可不懂。”

“王大爷，您别着急，您肯定能行！”小明笑着对王大爷说，“我们做区块链软件开发是高科技，但是做行业软件开发也得懂行业啊，在农产品买卖和运输方面，您可是专家。”“那我能干点啥？”虽然听了小明的鼓励，王大爷还是没有多少信心。

“农产品的交易和物流涉及很多参与者，比如农户、收购商、金融机构、检验机构，还有运输物流企业。这些参与者之间需要交换很多单据，而区块链正好可以在多方之间构建一个可以充分信任的协作环境，保障资金流、信息流顺畅运转。”小明侃侃而谈，“至于王大爷，您是行业专家，我们需要您给我们讲解农产品买卖和运输的流程，以及需要交换哪些单据信息。这样我们才能开发出好用的区块链软件。”

“这么一说我还能干，没想到区块链还能在农业经营上起作用。”王大爷感慨地说。“那当然，区块链在各行各业都能起作用。”小明信心满怀，“接下来我们还要在金融业、房地产业、出版业大展身手，您就拭目以待吧。”

17.1 供应链物流协作

区块链的主要特点是可以在互不信任的多方之间构建一个可以充分信任的协作环境，参与的任何一方都是平等的，不需要以任何一方为中心。区块链上的账本生成后不易更改、不易伪造，且该账本是公开的，任何参与者都可以进行检索和查验。区块链上每一笔交易都是可以追溯的，一直可以查找到交易的源头。由于这些特性，区块链特别适用于需要多方协作的系统，或者是需要保存数字证明、追踪溯源的业务，其较为适合的业务包括银行间清结算、医疗证明、股权交易、供应链溯源、供应链金融等。当然，尽管区块链从技术上可以保障多方建立基于软件代码的信任，但在实际操作中，要说服具有不同利益诉求的多方机构利用区块链进行协作，仍然需要一个过程，区块链在行业应用中的落地和壮大还需要不断发展。

在供应链物流运输，特别是跨国物流中，相关的监管环节和单据往来非常多，需要不同国家的海关、商检、出口商、运输商、运输场站、仓储方、金融企业等多方紧密协作。在这种情形下，很难建立一个各方都认同的超级信息系统，来协调各方需要共享的信息。由于各方都分别使用自己的信息系统，需要建设各种数据接口，在系统间交换单据信息，这带来了大量的管理和沟通成本。据报道，这一成本占全球每年1.8万亿美元物流运输成本的1/5。此外，有时由于商业保密、系统升级的资金需求和信任度不够等问题，系统间也很难顺畅对接，由于数据的不一致就会造成商业活动效率的降低。因此，在这种应用场景中，区块链技术就可以发挥巨大的作用。

在物流区块链应用方面，当前比较有影响力的项目是IBM公司和马士基合作建设的数字化全球贸易平台（见图17.1）。这个平台基于超级账本的技术，建立在开放的标准基础之上，全球航运物流相关的参与方都可以使用。这个平台的主要目标有两个，一是建立海运信息通道，使供应链管理参与者能够实时、安全、无缝地交换运输信息；二是单据文件备案的数字化和自动化，减少清关和货物运输的时间和成本。

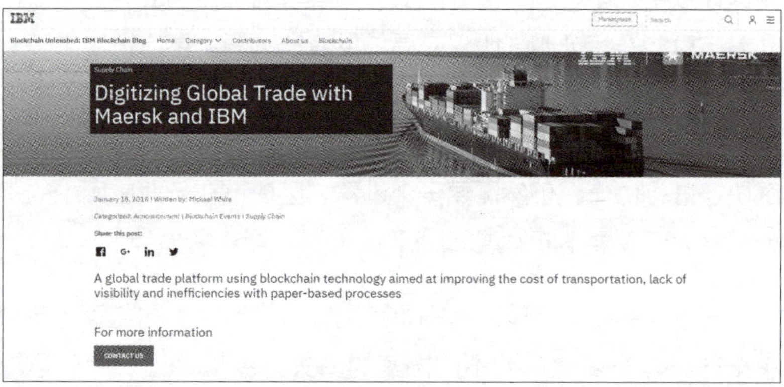

图17.1 | 基于区块链的数字化全球贸易平台

为了验证平台的可行性和运行效率，IBM公司和马士基一起用区块链做了试验项目，利用区块链来追踪记录非洲和欧洲之间的鲜花进出口贸易。非洲有很多花农，他们种植出来的鲜花需要运到荷兰的全球花卉交易市场进行出售。鲜花的运输以海运为主，但在整个过程中，围绕海运还需要很多参与方来构成整个供应链。首先，非洲的鲜花销售商需要找到货运代理来承揽全程运输，货运代理需要找到汽车将鲜花运到集散站，在集散站装进集装箱，然后运到港口。在港口接受海关和商检部门的查验后，才能装船运到荷兰。到荷兰后，相关的流程需要反过来再走一遍：经过海关和商检部门查验后才能入关，再由荷兰的物流代理商组织运输到销售点，进入仓库后等待销售。

在整个运输过程中，相关的不同参与方近10个，不同的参与角色大概有30个。在各方协作的过程中还需要大量的文档，例如销售商需要商品种类和价格等单据，运输商需要提货单，港口方和海运方需要集装箱装箱单据，海关和商检部门都需要查验和检验方面的单据，总共加起来大概有200个。这些单据数据存在不同参与方的数据库中，流转效率慢，容易出现因数据不一致导致的争议，数据本身的安全性和被篡改的风险较大，导致参与方之间出现信任问题。引入区块链技术以后，参与方可以一起维护和更新同一个共享的数据库账本。所有的参与方都在自己的节点上拥有和更新自己的账本，并负责把自己环节的相关数据和文档写入账本。这个账本是参与方都可以看见的，这样就保证了信息的无缝流通。而区块链账本的特点是不易伪造，不易篡改，可以追溯源头，因此各参与方对这个账本可以充分信任。这样，就能够比传统的多数据库对接方式更高效地实现协作，大大加快了各方沟通协作的效率，降低了物流成本，提升了物流速度。当前的模式与基于区块链平台的模式对比如图17.2所示。

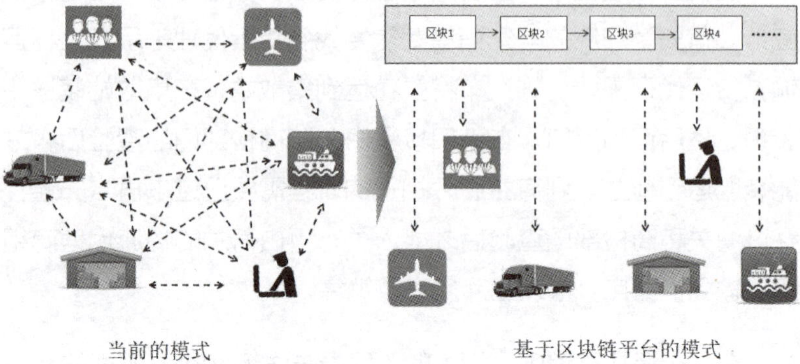

图17.2 | 当前的模式与基于区块链平台的模式对比

区块链在供应链金融中也可以发挥重要作用。通常在供应链物流过程中，贸易商需要向银行或金融机构贷款以保障资金周转。而贷款能否成功取决于两点，一是该贸易商过去的信用记录和贸易实力；二是是否有货物用于抵押。如果银行和金融机构加入到物流区块链中，它们就能了解该贸易商的经营情况及抵押货物的情况，由此可以放心贷款给贸易商，并能实时掌握物流和贸易情况以控制金融风险。

17.2 产权买卖与登记

由于区块链具有不易伪造、不易篡改的特性，且可以运行智能合约来进行自动交易，这使得它非常适合用于产权的数字化登记。在现实生活中，较常见的产权登记应用就是不动产登记。在房地产交易中，不动产登记是关键环节，其他所有环节都是围绕这个来进行的。房地产交易过程中存在5个角色：买方、卖方、房产中介、银行、产权登记部门。这些参与方在传统的房屋交易和登记过程中，面临一些应用上的“痛点”。

（1）信息的共享度和透明度不高。

房屋的特点和权属关系数据在房产管理部门的私有数据库中，且全国还没有完全联网。因此，各参与方在交易过程中获取相关信息必须去房产主管部门办理手续，主管部门需要花费大量人力物力来做认证工作，且效率较低。

（2）容易出现诈骗和伪造。

在房产交易中，比较常见的诈骗行为是一房两卖，骗子收取一方预付款后，再将房子卖给另一方，或者骗子制造假证卖给一方，然后使用真的房产证抵押贷款……这类诈骗之所以能得逞，是因为买房者难以掌握房屋的登记信息，也难以鉴别真伪。

（3）交易的信任度。

对于买卖二手房来说，是先交款还是先过户呢？这是一个比较困难的问题，因为买卖双方素不相识，很难建立信任。

（4）金融服务的便利性。

大部分人在买房过程中，还需要进行银行贷款。银行为了防范金融风险，要进行复杂的查证手续，为此消耗大量人力来做这些工作，不但效率低，有时还可能遇到骗贷问题。

如果在房屋买卖和登记中使用区块链和智能合约技术来构建

多方的信任关系，就可以较好地解决这些“痛点”问题。瑞典土地登记处Lantmäteriet作为先行者，使用瑞典区块链公司ChromaWay的技术于2016年试运行了一个房屋登记区块链系统（见图17.3），取得了较好的效果，如图17.4所示。

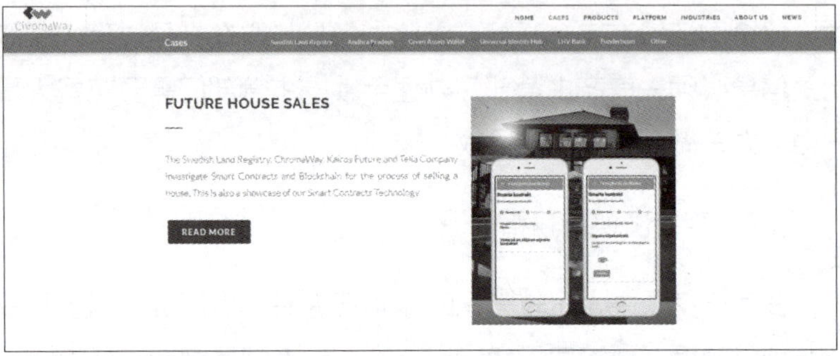

图17.3 | 瑞典土地登记处使用的房屋交易系统

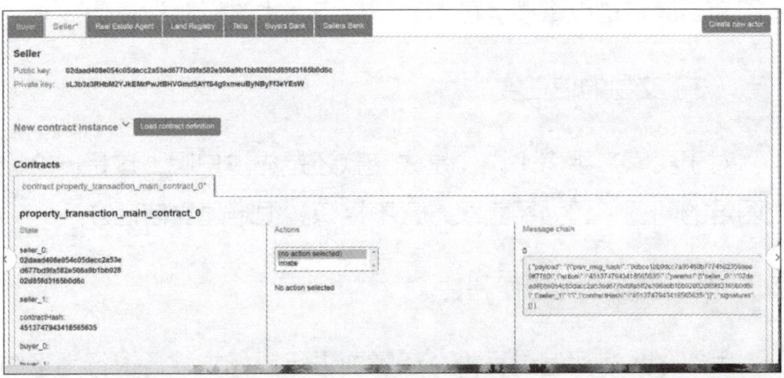

图17.4 | ChromaWay公司开发的基于区块链的不动产交易和登记软件

使用区块链技术，可以得到如下好处。

①所有的房屋登记证明都运行在区块链上，参与方可以随时

成贷款功能：一旦交易完成，房屋登记到买方名下后，智能合约将及时为买方发放贷款，并冻结该产权登记。此后，合约还可以按月及时从买方账户中扣掉还贷金额，只有全部归还贷款后，才会解冻房屋产权。使用区块链及智能合约技术，可为银行节约大量查验和管理的人力，并有效管控金融风险。

17.3 数字出版

区块链在数字出版方面也得到了较多的应用。这是因为区块链上的数据可以永久保存，同时由于多个节点存在高冗余度，因此可以对出版的数字作品进行并发访问或下载，大大提高浏览的速度。数字出版主要包括文字、图片和视频等出版形式。这方面的应用也较为热门，当前已经有相关的基于区块链的网站在运行。

在文字出版方面，美国的露娜网（Lunyr）是一个典型的例子。它是一个基于区块链技术的“世界百科全书”，本质上是去中心化的“维基百科”类网站，如图17.6所示。在这个网站上，多个用户可以合作编写一个词条，用来阐述某个知识点。网站专门设计了“同业互查”机制，用来解决虚假信息、垃圾信息等问题，以保障知识内容的真实性和严谨性。

Lunyr使用了基于以太坊智能合约和IPFS的无服务器架构，其目标是打造一个基于以太坊平台的去中心化的世界知识库。网站本身只是一个用户浏览界面，即使该网站倒闭了，这个知识库仍然存在于区块链中，知识将会得到永久保存。Lunyr本身设置作为一个节点加入这个区块链，并充分掌握房屋的买卖和登记数据。参与方信息沟通的便捷性将大大提高。由于区块链永久保存数据，房屋拥有者也不用担心因为中心化的产权系统遭到破坏而导致自己的产权证明丢失。

②房屋登记证明保存在区块中，并使用了数字签名技术，因此不易篡改，也不易伪造。骗子很难再实施一房两卖的骗局，因为购买者很容易就可以检验买卖的有效性。

③对于买卖双方而言，可以通过智能合约的功能实现自动化交易。可以由房屋登记主管部门设计专用的标准智能合约（见图17.5），一旦买方将购房款发送到这个合约，合约将自动把房屋产权转给买方。买卖双方不用再担心信任问题。

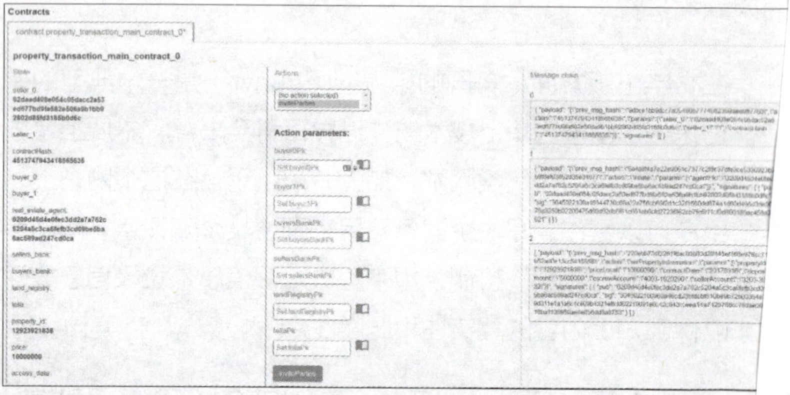

图17.5 | 不动产交易中的智能合约

④对于为房屋买卖提供贷款的银行而言，可以方便地查询屋的交易信息，并实时监控交易过程。银行在智能合约中可以

了一套经济体系，利用自身的通证LUN对参与发布知识和负责审核知识的用户进行奖励，吸引更多的高素质用户更加高效、高质量地更新知识。同时，为了避免不负责任的用户乱发信息，导致垃圾信息充斥网站，用户在发布知识时需要消耗一定的LUN。企业如果要在Lunyr上发布广告，也需要消耗一定的LUN。通过这种内置的激励和消费机制，可以保障整个区块链系统健康运行。

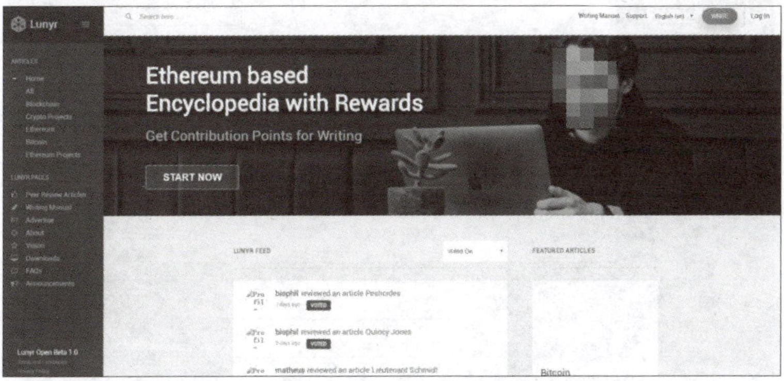

图17.6 | 露娜网：基于区块链的世界百科全书

Lunyr还提出了一些设想，利用人工智能（AI）技术和虚拟现实（VR）技术来提升平台的体验。例如，AI可以进行智能对话，只要用户提出问题，AI就会在浩瀚的百科全书数据中为用户找到最合适的回答。而VR技术可以使用户得到虚拟现实的体验。例如只要戴上VR头盔，浏览平台的“火星”词条，用户就会像身处火星表面一样看到火星的环境。

在图片出版方面，目前也有一些实验性的网站出现。例如基于IPFS的图片发布网站ipfs、pics，如图17.7所示。用户在该网站上传一幅图片，随后会返回一个链接，其中包含一个哈希值，使用这个链接就可以访问自己的图片。用户上传的图片都被永久保存在IPFS中，即使将来网站倒闭了，仍然可以使用这个哈希值在IPFS上找到自己的图片。

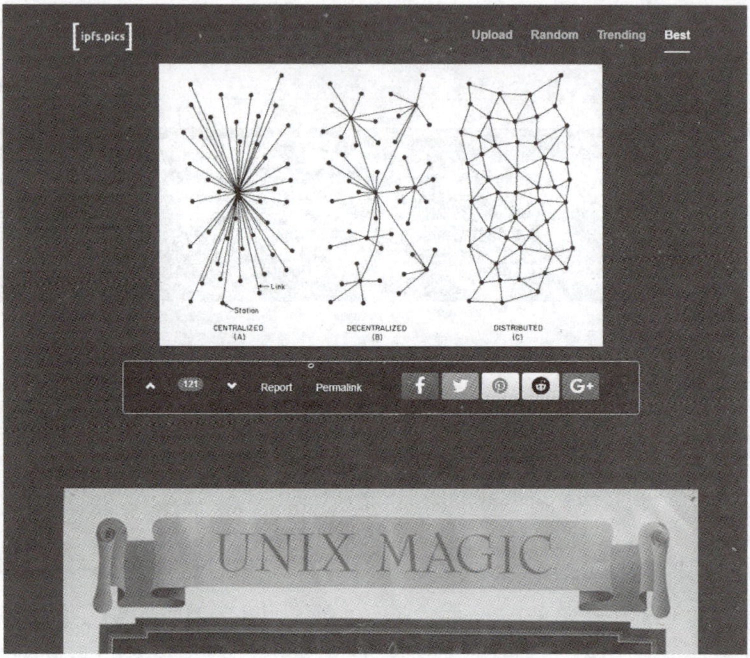

图17.7 | 基于IPFS的图片发布网站

在视频出版方面，当前运营较为成功的是基于区块链的视频发布网站DTube，如图17.8所示。DTube是一个搭建在Steem区块链上的去中心化视频发布平台，在DTube平台上，视频文件同样使用IPFS进行存储。DTube使用Steem区块链内置的经济体系来运作。平台上的内容创作者因他们发布的视频获得奖励，同时这个奖励会被网站收取一部分用于支付IPFS上的“存储费用”。视频的评论者会因为点赞和分享视频内容而获得奖励，而平台的浏览者可以利用区块链上内置的通证向创作者及评论者“付费”。

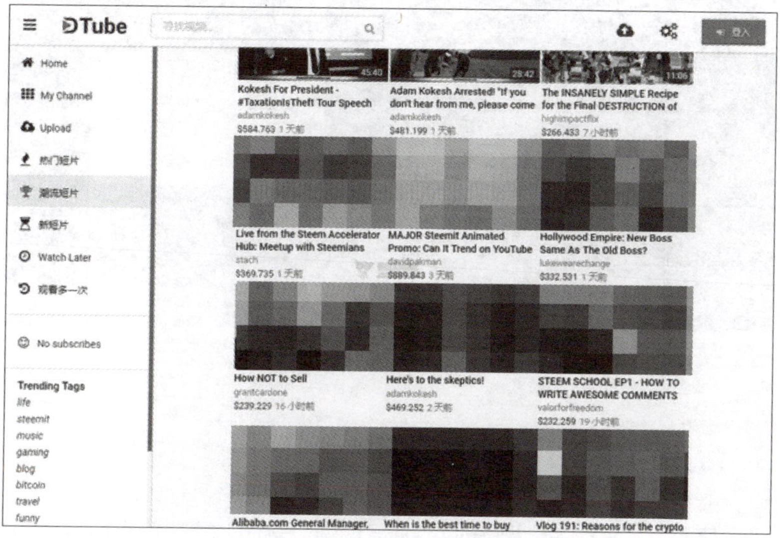

图17.8 | 基于区块链的视频发布网站DTube

在视频出版方面，DTube还有一个竞争对手——BitTube，如图17.9所示。BitTube也是基于IPFS协议来存储视频数据的，但是它并不依托其他区块链的经济体系，而是自己创建了一条原生区块链，使用PoW共识机制，其工作量证明算法是类似于门罗区块链的 CryptoNight-Lite算法，该算法较适合使用CPU进行挖矿，从而使网站用户在浏览视频的同时也在挖矿，通过这种机制给视频发布者以奖励。

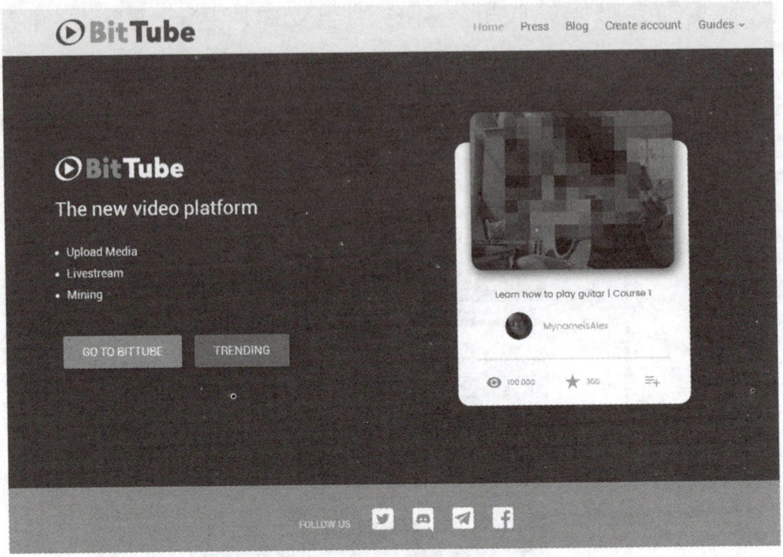

图17.9｜BitTube区块链视频平台

17.4 金融行业的应用

区块链技术在金融行业的应用，是当前比较热门的方向。在金融行业里面，区块链技术在“数字货币”、支付清算、数字票据、银行征信管理、权益证明、交易所证券交易和保险管理等多个方面都存在着良好的应用前景。

当前，很多国家和地区的金融机构都在积极探索和实践区块链在金融行业中的应用。中国人民银行于2016年启动了基于区块链的数字票据交易平台的开发工作，并于2017年初成功进行了测试。此外，中国人民银行还于2017年成立数字货币研究所，研究法定数字货币的区块链、硬件加密等底层技术，以及相关配套的法律法规问题。

在银行间的转账汇款方面，英国央行已于2017年6月成功测试了Ripple开发的“interledger”区块链技术项目。通过Ripple提供的区块链技术来同步两个中央银行系统之间的汇款。Ripple是美国一家专注于金融行业区块链解决方案的公司，它主要为银行提供全球跨境快速转账的技术。其所提出来的Ripple net系列协议已经在100多家金融机构进行了运行测试。Ripple所瞄准的竞争对手是SWIFT，SWIFT是环球同业银行金融电信协会所运行的一套转账系统，并得到当前全球银行系统的广泛使用。也许是感受到了竞争危机，SWIFT于2017年4月牵头成立了PoC区块链，包括ABN AMRO银行、ABSA银行、桑坦德银行、中国建设银行、中国民生银行等在内的22家银行进行了运行测试。

在金融支付方面，比尔及梅琳达·盖茨基金会基于Ripple的区块链协议推出了一个面向非洲国家的移动支付解决方案：mojaloop（见图17.10）。比尔及梅琳达·盖茨基金会发表了关于mojaloop的声明：“数字支付的互操作性是金融服务行业克服的最大障碍。随着mojaloop的推出，我们的技术合作伙伴终于实现了可以应用于任何服务的解决方案，我们邀请银行和支付行业来探索和测试这个工具。”

在我国，金融行业区块链应用方面比较活跃的推动者是趣链科技公司。该公司为多家银行开发了区块链相关应用。最近，它又为浙商银行开发了一个基于区块链技术的“应收款链平台”。这个平台主要针对的问题是应收账款融资登记手续繁琐、审核成本高企、流转困难、难以防范操作风险和欺诈风险等。浙商银行的应收款链平台可将应收账款转化为电子支付结算和融资工具，用于办理企业应收账款的签发、承兑、保兑、支付、转让、质押、兑付等业务。通过应收款链平台，企业可将报表中沉淀的应收账款改造成为高效、安全的电子支付结算和融资工具，随时对外支付和融资。该平台内置了智能合约技术，可由区块链系统根据智能合约规则自动、无条件履约，增强了参与方的商业信任。

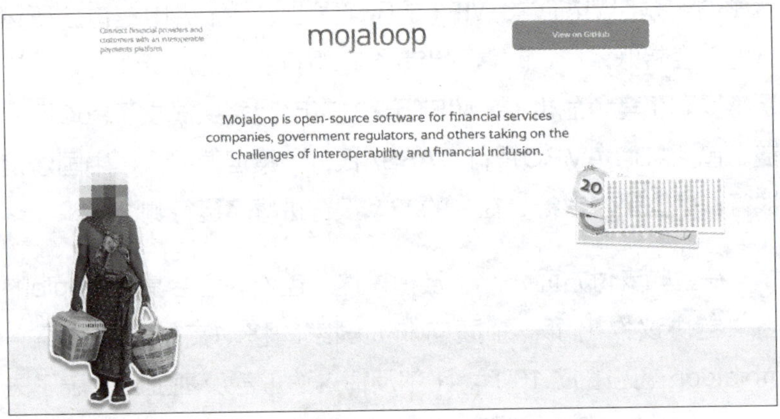

图17.10 | 比尔及梅琳达·盖茨基金会基于Ripple的区块链协议的支付方案

第18章

走向未来：思考与展望

小明和翠花经过多年的爱情长跑，终于幸福地生活在一起，并且有了一个可爱的小宝宝。为了下一代的幸福成长，小明白天忙工作，晚上还要在家里当“家庭妇男”，身体渐渐有些吃不消。

“不能这样下去，得想点办法。”小明拿出手机，在全球链上雇用了一位机器保姆。几个小时后，门外传来敲门声，小明打开门，一位面貌温婉的“女士”出现在他面前。“您好，我是全球链上的注册保姆阿芳，这是我的全球身份码。”她伸出手，手背上印有一块二维码，这是她的区块链地址。小明用手机扫了这个二维码，“好的，我已经向你的智能合同付了款。”

“太感谢您了！”机器保姆阿芳用快乐的声调说，“完成您的工作后，我存的钱就可以让我成为‘自由人’了。”“是吗？”小明略感意外，他从手机上调出阿芳的区块链账户。果然，账户上记录了这个机器保姆通过智能合同向国家上缴的税收已经达到了要求，以后不必再交，而且还显示出阿芳账上有丰厚的存款。这份账户保存在区块链上，其真实性毋庸置疑。“那么，我马上开始工作。”阿芳干劲十足。

不一会儿，小明家里收拾得干干净净。“您的冰箱里已经没有菜了，我已经根据您的购买计划买了菜。”阿芳走到阳台上，对小明说，“应该快送来了。我还给自己购买了一些保养服务。”话音刚落，天空传来嗡嗡的声音，一架无人机飞了过来，发射出一束光扫描了阿芳的身份码，然后放下了一个包裹。随后，伸出一对探针，进入阿芳的耳朵里，换掉了一块芯片。“工作久了，听力也不怎么好了，得好好保养保养。”阿芳颇多感慨，又指了指那台无人机，“这是我的朋友阿强，它也快自由了，我们计划以后来一次全球旅行。”

“真羡慕啊。”小明第一次感到当个机器人也不错。这个时代全球链已经成为一条巨大的公有链，没有任何一个国家可以控制它，也无法伪造和修改链上信息，所以全球都承认全球链上身份码和账户的权威性。因此自由机器人可以通行全球，为全球人民服务。小明拿起包裹，准备放进冰箱。突然包裹破了，一股热水从里面喷出来，把小明全身都弄湿了。

“啊！”小明一声惊叫，醒了过来。原来刚才太累了，抱着孩子在沙发上打了个盹儿，没想到被孩子尿湿了衣服。

未来的区块链技术和人工智能结合后，真的可以创造一个理想的社会吗？小明回忆着梦中的种种细节，心想，虽然目前区块链技术还有许多不足之处，但是自己一定要努力，为创建更加美好的社会而奋斗。

18.1 双算世界：基于机器自主协作的未来社会

虽然区块链技术目前处于初始阶段，但其未来的发展极有可能改变社会的运作方式。区块链的主要优点是在个体间建立基于算法的信任，并在这种信任机制下形成相互的信息共享和智能协作。这种特性不仅有利于建立基于计算机的相互协作的软件系统，如果能和物联网、人工智能等技术相结合，也许能发挥出更加巨大的价值，创建一个万物互联、相互协作的智能自治网络，极大地解放人类的生产力。这一切将建立在算力和算法快速发展的基础上，未来的智能化世界，可能会是由算力和算法驱动的世界，也许可以简称为双算世界。

在信息技术的发展史上，算力和算法的进步对新技术的产生起到决定性的作用。不妨还是以目前热门的人工智能技术举例，围棋软件阿法狗（Alpha Go）战胜围棋世界冠军的事件，可以说是引发近年来人工智能热潮的里程碑式事件。阿尔法狗战胜世界冠军后，并未就此止步，后续科学家又开发出Zero版本，甚至可以做到不学习任何人类棋谱，仅仅通过学习围棋规则，自己与自己下棋来训练，最终取得了更大的成绩，能轻松战败阿尔法狗。使阿尔法狗具备智能的算法叫作神经网络算法。这并不是一门新技术，在20世纪40年代科学家就提出了神经网络的计算模型，并在20世纪50～60年代得到发展和应用，由于当时的计算机硬件达不到该模型需要的计算能力，神经网络的研究一度沉寂下去。在20世纪80年代，新的反向传播算法用于神经网络，减少了所需要的计算量，神经网络又迎来新的发展热潮。但随后由于其他更适合当时计算能力的算法出现，神经网络再度沉寂。到21世纪初，在摩尔定律的驱动下计算机硬件的计算能力飞速发展，使用大规模计算机集群来训练神经网络成为可能，终于使这一技术创造新的奇迹。在智能博弈、图像识别、语音识别、自然语言分析等与人工智能密切相关的领域发挥了重大的作用，人工智能的应用出现飞跃性进展，真正落地并取得极大的实用价值，如图18.1所示。

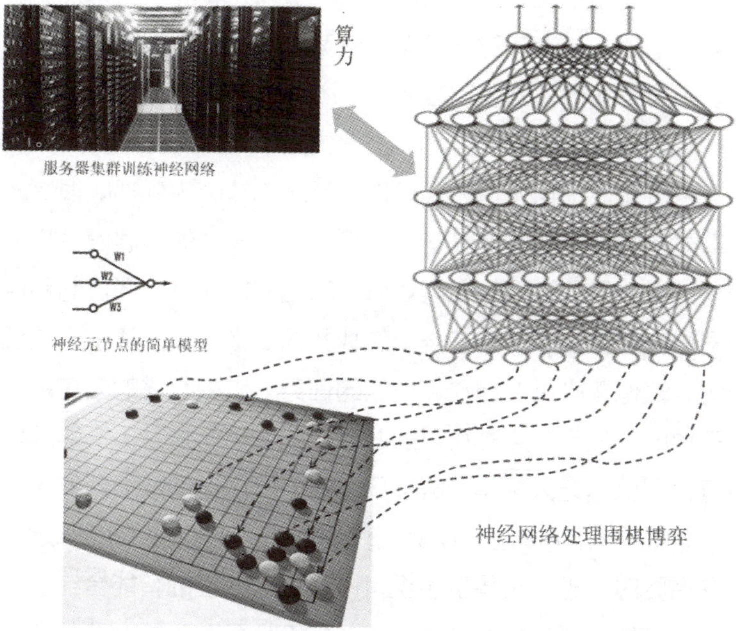

图18.1 | 算力与算法的发展支撑人工智能实现

未来，随着硬件能力的进一步提升，制约区块链发展的技术瓶颈将得到突破。如果将来具有超强计算能力和存储能力的计算机能进一步缩小体积，达到手机甚至火柴盒般大小，并嵌入到智能机器人内部，那么在区块链技术的驱动下将可能会形成一个具备智能协作能力的机器社会，为人类进行更智能化的服务。由于区块链技术具有高冗余、高安全性、可编程的能力，这样的机器协作将会超越目前的技术，能应对任何恶劣环境，变得更加稳定可靠。

本书举一个极端的例子——战场上基于区块链技术的无人机

集群作战。战场是最不可靠的环境之一，因为集群中的无人机随时可能被击落，或者在对方的电子诱骗下“叛变”——发送错误信息。如果无人机集群使用区块链技术来驱动，那么它们可以不需要一个中心的指挥机（容易被击落失效），而是在某种共识机制下自主协作。任何一台无人机被击落后，整个集群都能很快调整，形成新的共识。即使某些无人机叛变，发送的错误信息将无法进入链中，最后被群体抛弃。所有的无人机通过广播机制和点对点网络来共享信息（维护一个作战数据账本），当某个无人机失效时，其他无人机会自动完成它的任务。去中心化的公有链是完全开放的，任意节点都可以随时接入或退出，且并不影响整体的运行。因此当无人机集群战损严重时，可以很快发射新的无人机，它们将自动连接进入作战区块链，融入集群中完成既定任务。在需要时，无人机集群甚至可以通过可编程的智能合约，与友军交换情报，或者协同作战，如图18.2所示。

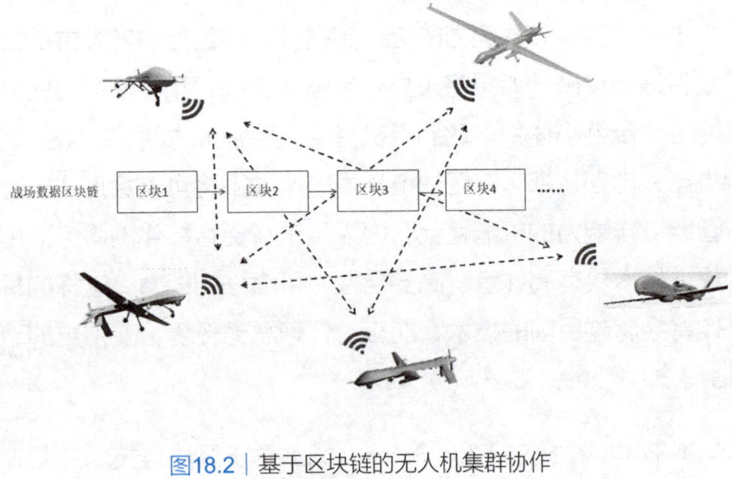

图18.2｜基于区块链的无人机集群协作

从上面例子可以看出，即使在极端环境下，基于区块链的机器协作仍将具有很高的稳定性。如果是在日常生活中，区块链技术驱动的智能协作将会更加完美和可靠。未来也许智能机器人会形成一条无所不在的协作链，每台机器都可以在链上注册自己的身份，通过共享账本来获取信息，通过点对点网络来相互通信并协同工作，通过智能合约来取得酬劳。这样，人类将从繁重的体力劳动中解放出来，从事更有创造性的工作。

18.2 当前区块链发展中存在的不足

目前区块链技术产生的大规模实际应用还不多。在公有链中，比特币算是第一个应用，但从本质上来说这只是一个验证性的系统，验证了区块链在无中心化节点管理情况下运行的可行性和稳定性。比特币本身并没有太多应用意义，未来大概会成为一种“数字古董”供人收藏。以太坊加入智能合约后，使区块链产生了无限的发展可能。但目前在其热门的区块链游戏应用上似乎也是后续乏力，基于以太坊的以太猫游戏（见图18.3）曾风靡一时，但现在也渐渐走向衰落。究其原因，在系统的性能和游戏可玩性上仍存在很大的局限。Steem是一个基于区块链的网络社区，目前发展还不错，但其发展模式及大流量下的处理能力尚有待时间验证。在联盟链方面，许多商业公司都在尝试，目前金融、物流、医药等各行业都有一些验证性的区块链系统进行试点，但还未看到真正投入大规模应用并取得良好效果的系统。

图18.3 | 曾经风靡一时的以太猫游戏

区块链之所以尚未真正大规模落地应用，主要受以下因素限制。

（1）技术上的制约。

在区块链技术中，存在一个互相制约的三角关系，那就是去中心化、安全性和效率（见图18.4）。要保障去中心化和安全性，就需要牺牲一定的效率。这也是区块链的公有链交易处理效率始终无法大幅提升的主要原因。公有链是完全去中心化的，完全开放的，任何节点都可以加入，其中有善意节点，也可能有专门为攻击而加入的恶意节点。为了保障去中心化，就必须要全网自主达成共识，实现共识机制需要占用一些时间。为了保障达成共识的过程是安全的，可以抵抗各类攻击，就必须等待共识形成确认，

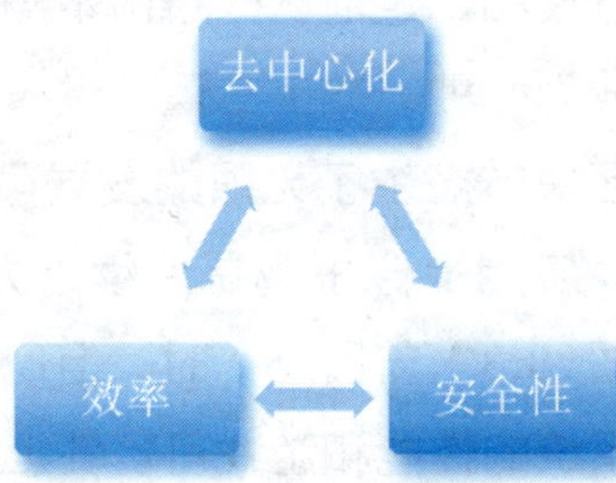

图18.4 | 区块链的矛盾三角

这又要花费一些时间。对处理一笔交易而言，花在共识和安全上的平均时间已经远远超过执行交易本身所花费的时间，因此，系统的效率始终难以提高。此外，公有链需要节点同步所有数据，这也给普通用户带来困难。联盟链的情况可能会好一点，因为加入的节点都是需要进行身份认证，并获得许可的，但达成全网共识并保持一致性仍然花费了大量时间，其效率与中心化系统相比仍有不小差距。

虽然区块链存在上述技术瓶颈，但并不是不可克服的。随着未来硬件速度的发展、带宽与存储容量的增加，以及共识机制的进一步改进，区块链的效率问题最终将得到解决。从而在既保证去中心化和安全性的同时，也具备良好的效率。这从人工智能的发展就可以类比出来，人工智能近几年的发展正是源于硬件速度的快速提高，使大规模的深度CNN神经网络得以实现，带来应用效果上的大幅提升。

（2）市场和认识处于初级阶段。

当前区块链技术主要在IT公司和大型的企业集团中具备较高认识度，而社会上普通人群对其认识有限。由于认识有限，导致区块链行业鱼龙混杂，产生了较多泡沫和不良现象。纵观信息产业发展史，一种新技术诞生之初总是伴随着巨大的泡沫。20世纪90年代万维网兴起时，美国纳斯达克市场上“dot com”就是一个很好的例子。只要公司宣布进入互联网产业，其市值就如坐火箭般飞速上升，市场上大量的资金纷纷涌入这个行业，进一步加速泡沫发展。2001年互联网泡沫全速消退，虽然此时大多数网络公司破产，但这种泡沫也给产业发展带来巨大资金支持，从而使我们今天享受到互联网的巨大便利，并使得互联网最终成为一个明星产业。目前区块链发展的情况与此类似，在加入区块链行业的公司中，有一部分是专注于做技术，扎扎实实推动行业发展的产业公司，但同时也存在一些通过炒作概念，希望从泡沫中获取不当利益的投机公司。比特币这种虚拟商品在炒作下价值大起大落，也加剧了行业的投机气氛。这种情况导致社会对区块链认识的不一致，一部分人甚至会将区块链和欺骗、投机联系起来。

因此，当前急需开展对区块链技术的宣传与普及，让全社会对这种新兴技术形成正确的认识，既能认清区块链技术未来在应用上的良好前景，也能识别那些只有概念和口号，没有实质技术的投机者，为产业发展带来良好的生态环境。

（3）利益格局的改变阻碍应用落地。

区块链天生具有去中心化、去中介化的属性，因此它不仅仅是技术上的应用，更是企业运营方式和协作方式的一种改变。所以，区块链的大规模应用必然会给现有的运作机制带来冲击，引起利益的重新分配，这也是阻碍其落地应用的原因之一。例如，在金融应用中，如果只是在一家银行内部进行区块链技术应用尝试，那其实使用原来的中心化技术就很好（见图18.5）。大家都认同银行总部的中心化服务器，由中心系统进行全局的业务调度和数据处理，根本不需要共识机制，也根本没有必要使用区块链技术。如果要用区块链技术把多家银行、支付机构等连接起来，则制定一个让大家都认同的规则就成为一个艰巨的任务，因为资金的流动和存放涉及巨大的利益，所以权利、义务和利益的分配机制很难达成一致。此外，银行之间的直接连接也违背现有的法规和监管要求，同时又会给银联、网联等带来巨大的冲击，会招致它们的强烈反对。

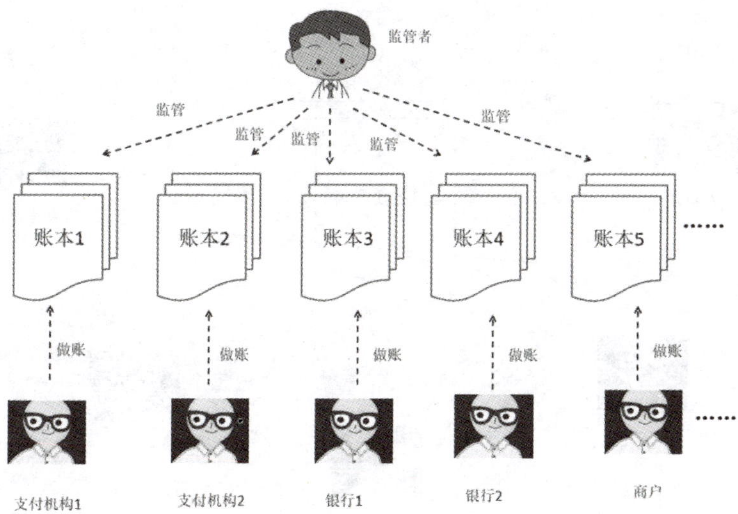

图18.5 | 传统的多账本分散监管模式

虽然区块链的应用存在着上述诸多的协调问题，但是也不能因为这些问题就拒绝接受其发展。区块链技术的本质是共享、开放、信任和协作，这些是未来信息技术发展的潮流和大方向，不会因为个人或机构的私利而发生改变。例如，从金融监管的角度来讲，取消各种林立的小山头，把多本账转成共享的一本账（见图18.6），这也是管理者乐于看到的。与其因为利益的改变而拒绝区块链应用，还不如积极思考在新的业务模式下怎样对业务进行转型，以适应未来的发展，使自己的业务能够与时俱进。

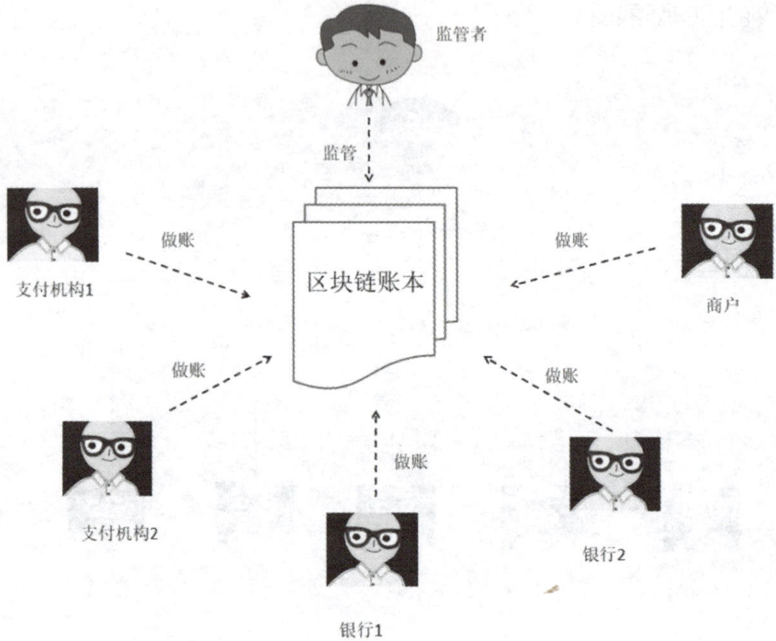

图18.6｜基于区块链公共账本的统一监管模式

18.3 推动区块链的科学发展

在区块链技术的发展中，还存在诸多误区，需要认真思考和改进，实现区块链技术的科学发展。

在对区块链技术的认识方面，有一种观点认为区块链将颠覆互联网，使互联网彻底去中心化。这其实是一种片面性、割裂性的认识。区块链技术的发展和应用确实有可能改变当前互联网的一些运行模式，但是这对于互联网来说是一种进化而不是颠覆。区块链的应用，还是要结合当前的互联网技术，进行紧密的融合和协同发展。从应用层面来讲，区块链更像是一种底层技术，它并没有直接面向用户的接口。当前所有热门的区块链应用还是以中心化的浏览器/服务器（Browser/Server，B/S）模式为人们提供服务。中心化的Web服务器起到了提供用户界面的作用。在运行模式层面上，区块链虽然具有去中心化的特性，但在实际应用中仍然离不开一定层面的中心化。即使是比特币系统这种彻底的公有链技术，仍然需要较为中心化的技术团队来升级和维护，需要中心化的网站来提供节点软件的下载，同时矿池的集中式挖矿也提现了一定的中心化模式。在未来区块链的行业应用中，预计也将会在中心化和去中心化之间取得一定平衡，既利用去中心化的好处，也结合中心化的管理来推动系统和应用的稳定发展。因此，在区块链的应用上，那种非黑即白，非此即彼的思维模式是不好的，应该与多种技术一起融合发展。

在区块链技术的发展方面，目前还存在着重业务应用轻底层技术的现象。大众的热度集中在行业应用上，对底层的共识机制、链结构、密码学算法、存储模式、智能合约等技术研究不够深入。另一方面，目前区块链的应用和研究还较多集中在联盟链或许可链的方式上，对公有链的研究和推动不足。区块链的本质是开放和共享，未来真正能改变世界的还是公有链。就像光纤网络一样，公有链会成为未来全球互联网的一种基础设施。因此，必须在公有链技术上加大研究和推广力度，力争使自己的公有链技术和标准成为世界主流，在未来互联网技术的竞争中占据主动。

在区块链的生态与管控上，还需要进一步创新思路，积极探索方式和方法。区块链技术是伴随着比特币的流行而发展起来的，比特币的投机炒作也给社会经济带来大量的泡沫，导致国家取缔“虚拟货币”的交易所。以太坊是第一个通过ICO机制筹措研发经费的公有链，并取得了极大的创新和成功，使区块链具备图灵完备的可编程能力，进入区块链2.0时代。然而，其后许多投机者也开始利用ICO和虚假的开发项目来骗取资金，带来种种乱象，影响金融稳定，因此，2018年9月4日央行等七部委发布《关于防范代币发行融资风险的公告》，要求从此公告发布之日起，立即停止ICO。那么，该如何管控才能既保障社会稳定，又能有序推动区块链技术的发展呢？推动合适的科学管控模式是值得探索和研究的。例如，区块链底层技术的研发是具有高难度和高风险，同时成功后也有高回报的项目。能否制定除ICO之外的其他措施来引导具备风险承受能力的社会资金积极投资相关技术研发，推动我国区块链技术快速发展并进入世界前列呢？当前我国在区块链矿机制造上处于世界领先地位，能否通过扶持和利用这种优势，进一步推动相关专用集成电路和芯片技术的发展，从而占据全球区块链世界的算力优势呢？

总之，区块链技术的发展给未来的协同社会、智能社会带来无穷的想象空间。当前，必须扎扎实实做好相关的基础研究工作，努力提升算力和算法的战略能力，积极推动区块链、人工智能、物联网等新技术的融合、应用和发展，使我国占据未来世界发展的制高点。

附录

附录A　梅克尔树的结构

比特币系统的区块数据中包含了交易的详细数据，而每一笔交易都有一个哈希值，用来验证该交易是否被篡改和伪造。这些交易的哈希值以一种称为梅克尔树的数据结构存储起来。梅克尔树是一种二叉树，即每个节点只有两个子树。下面，假设有4个交易记录A、B、C、D，以此来演示比特币系统中的梅克尔树是如何存储这些交易的哈希值的。

（1）分别求出这4个交易的哈希值，在比特币系统中，使用SHA256算法进行两次计算得出这个哈希值，即H（A）=SHA256（SHA256（A））。同理可以求出H（B）、H（C）、H（D）。

（2）以H（A）、H（B）、H（C）、H（D）为节点构造梅克尔树，形成如图A.1所示的梅克尔树结构。

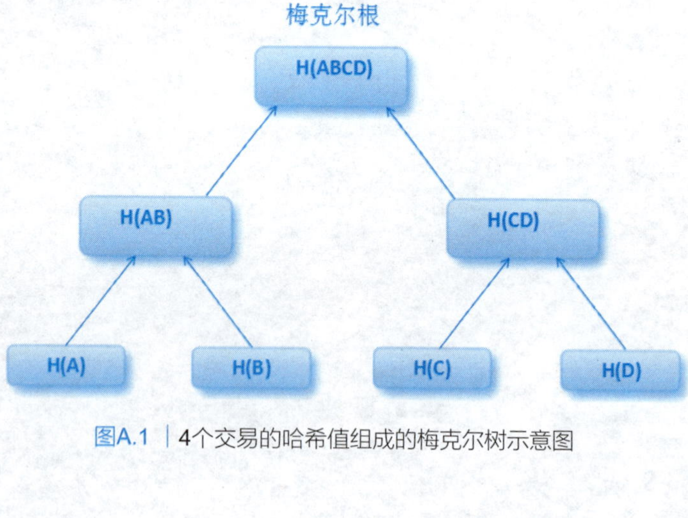

图A.1 | 4个交易的哈希值组成的梅克尔树示意图

在图A.1中，节点H（AB）的值是由节点H（A）和节点H（B）的值生成的，即将H（A）和H（B）的值串联拼接起来，再使用SHA256算法进行两次计算，即H（AB）= SHA256（SHA256（H（A）+H（B）））。

上式中的H（A）+H（B）并不是指数学意义上的数值相加，而是指把H（B）的值直接附加到H（A）之后。

（3）梅克尔树是一个二叉树，如果叶子节点的个数是奇数时，显然最后会剩出一个节点无法和其他节点配对，此时应该把这个节点复制一遍，然后它和自己配对生成上一级节点。通过不断地重复配对进行哈希计算，最终梅克尔树会生成一个根节点，称为梅克尔根。

梅克尔根将被放在区块头中，它包含了所有叶子节点的信息，只要篡改任意一个叶子节点的数据，梅克尔根的值就会有相应的改变。因此，只要区块头中记录了正确的梅克尔根值，黑客就很难篡改区块体中的交易记录。

除了防篡改外，梅克尔树还有一个作用是为轻节点提供查找某个交易是否存在的途径。为了减少存储量，比特币网络中的轻节点只存储区块头，为了验证某个交易是否存在于区块中，轻节点会向全节点进行查询，全节点返回该交易的梅克尔路径，轻节点可以根据这个路径来验证某个交易是否存在。

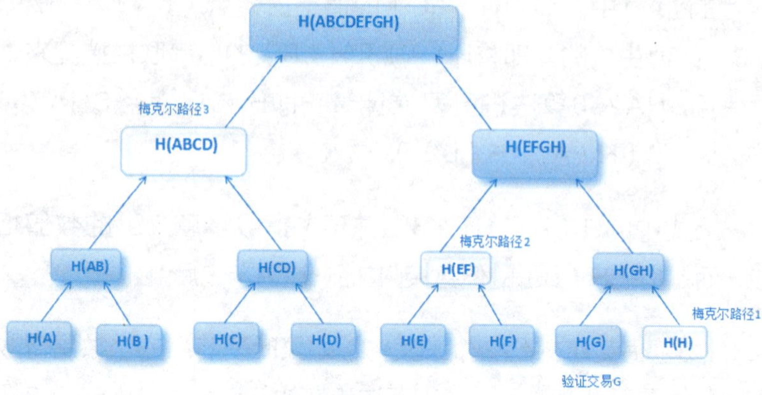

图A.2 | 用于交易验证的梅克尔路径

如图A.2所示，如果一个轻节点要验证是否存在交易G，则它向全节点查询后，会返回梅克尔路径H（H）——H（EF）——H（ABCD）。收到这个路径后，轻节点计算出交易G的哈希值H（G），然后与路径中第一个哈希值H（H）配对计算得到H（GH），再与路径中的第二个哈希值H（EF）配对计算得到H（EFGH），最后与路径中第三个哈希值H（ABCD）配对计算得到梅克尔根。如果这个计算得出的梅克尔根与轻节点在区块头中存储的梅克尔根一致，则可以认为存在交易G。

通过这种办法，可以极大地减少验证的工作量，在一个包含*N*笔交易的区块中，验证某一个交易是否存在的梅克尔路径只包含$\log_2 N$个哈希值。例如，如果在一个包含2 048笔交易的区块中查找某个区块，返回的梅克尔路径只有11个哈希值，因此只需要进行11次哈希计算即可验证。

附录B　比特币的账户地址生成算法

比特币的账户地址是由对应的私钥生成的，当一个新用户创建一个比特币账户时，比特币钱包将按3个步骤为他创建地址：首先是随机生成一个比特币私钥，其次利用私钥生成公钥，最后利用公钥生成比特币账户地址。但一般情况下，还会对生成的地址进行编码，因此，也可以说是4个步骤。下面分别讨论这4个步骤。

（1）随机生成比特币私钥。

比特币区块链利用的是非对称加密算法，在这种算法中，首先必须生成一个私钥，比特币的私钥是一个256位的二进制数。对任意一个新用户来说，这个私钥是随机生成的。可以想象如果你扔硬币256次，每次把正面记作1，把反面记作0，这样最后你就得到一个256位的二进制数，这个数就可以作为你的私钥。当然计算机不可能扔硬币，而且计算机中生成真正的随机值是很困难的，因此，通常比特币钱包要使用专用的伪随机值生成器（Cryptographically Secure Pseudo-Random Number Generator，CSPRNG）来生成这个随机值。为了获得人工的随机种子，有些钱包可能会要求用户随意的晃动鼠标几秒钟。

（2）通过私钥生成公钥。

比特币使用的非对称加密算法是椭圆曲线加密算法，在这种算法中，当私钥被选定后，可以通过椭圆曲线乘法来生成公钥。这种乘法并不是我们常见的数字乘法，而是自定义的椭圆曲线上两个点的乘法，乘法的结果是得到曲线上的一个新点。为了执行椭圆曲线乘法，首先要在椭圆曲线上选择一个生成点G，假设我们的私钥是K，则公钥P的生成公式为P = K · G。

这个算法是不可逆的，也就是说，可以由私钥计算得到公钥，但是已知公钥确不能反推出私钥。

（3）通过公钥生成比特币地址。

对公钥经过两次哈希计算，即可得到比特币地址。第一次哈希计算使用SHA256算法，第二次哈希计算使用RIPEMD160算法。假设用D代表地址，则其生成公式为D=RIPEMD160（SHA256（P））。

RIPEMD160算法会将任意数据转化成长度为160的二进制串。因此，D是一个160位的二进制数，这个数字不方便使用，所以要通过编码来变成人们容易辨认的格式，这里使用的编码方式是Base58Check。

（4）对地址进行Base58Check编码。

160位的二进制地址可以通过Base58Check编码方式，变成人们易于识别和使用的地址形式。所谓Base58Check编码，实际上是采用Base58标准编码数据，并在数据后增加4个校验位（Check），从而形成的一种编码标准。

Base58总共包含了58个字符，其中有9个数字字符（从1到9，不使用0），24个大写英文字符（26个大写英文字符中除掉O和I）以及25个小写英文字符（26个小写英文字符中除掉l），这样总共是9+24+25=58个。从上面描述中可以看出，为了避免混淆，Base58剔除掉了一些字符和数字：0、o、O三者中只保留小写字母o，I（大写字母）、l（小写字母）、1三者中保留数字1，这样就剔除了4个。字符次序为数字、大写英文字符、小写英文字符。即从最左端字符1开始，对应的序号为0。最后一个字符小写字母z对应的序号为57，这样就形成了一个五十八进制的数字表示法（见表B.1）。

表B.1 Base58编码表

Value	Character	Value	Character	Value	Character	Value	Character
0	1	1	2	2	3	3	4
4	5	5	6	6	7	7	8
8	9	9	A	10	B	11	C
12	D	13	E	14	F	15	G
16	H	17	J	18	K	19	L
20	M	21	N	22	P	23	Q
24	R	25	S	26	T	27	U
28	V	29	W	30	X	31	Y
32	Z	33	a	34	b	35	c
36	u	37	e	38	f	39	g
40	h	41	i	42	j	43	k
44	m	45	n	46	o	47	p
48	q	49	r	50	s	51	t
52	u	53	v	54	w	55	x
56	y	57	z				

使用上述编码表，可以将二进制数表示为五十八进制数，这样就大大缩小了地址的长度。接下来要通过这个编码表把地址转换成Base58Check格式。首先要在地址前增加一个编码前缀，用来识别被编码的数据类型，对于地址的编码来说，前缀应该是0（十六进制的0x00）。接下来把前缀附加到地址D前，然后对形成的数字串进行两次哈希计算。得到校验和Checksum = SHA256（SHA256（0x00+D））。

这样计算出来的校验和Checksum有256位，共32个字节，我们只取前4个字节，形成校验位。我们把这个校验位记作C。接下来把前缀、地址和校验位连接在一起，形成一个数0x00+D+C。然后把这个数转换成五十八进制数，并用表B.1的字符表示出来，就得到了Base58Check编码的地址。这个地址本质上是一个五十八进制数，长度为34位。

附录C 比特币UTXO数据结构中的智能脚本

正如本书正文中所描述的，在比特币的交易中，使用UTXO数据结构来指明一笔交易的输入数量和输出数量。UTXO数据结构指明了比特币的来源，以及这些比特币要发送给谁。为了便于理解，正文中只描述了输入和输出结构，以便说清楚比特币账本的基本数据结构。但在实际操作中，还有一个问题需要解决，即发送给某人的比特币，他应该怎样才能证明自己的拥有权并领取呢？实际上，当发送一次交易时，除了规定输入、输出的来源和数量外，发送者还必须进行一个操作，即对交易的输入编写一个解锁脚本，以证明自己可以使用这笔输入，同时对交易的输出编写一个锁定脚本，以保证只有指定的接收者才能使用这个输出。

这种锁定和解锁脚本使用的是一种基于堆栈的语言。堆栈是一种“后进先出”的数据结构，这种基于堆栈的语言由一系列指令构成，每一个指令的操作都是对堆栈进行操作。由于这些脚本要被所有的验证节点执行，为了防止出现逻辑上的漏洞而导致整个区块链瘫痪，该语言简化了一些控制结构，因此它是“非图灵完备”的语言，不能执行通用编程，而主要聚焦于对输入、输出的锁定和解锁。在以太坊中，对这种脚本的思想进行了扩充，提出了“图灵完备”的语言，从而能进行通用编程，编写智能合约，使区块链从处理单一问题变为能处理通用问题的“世界计算机”。因此可以说，比特币系统中的脚本是以太坊智能合约的发展基础和前身。

比特币的锁定和解锁脚本也是放在交易的输入、输出结构中的，实际上，在每一笔输入中，附加了一个解锁脚本，而在每一笔输出中，附加了一个锁定脚本。下面结合具体的例子来讲解。假设小明妈妈通过挖矿得到5个比特币，并给了小明1个。小明把这个比特币送了一部分给翠花和二黑。这样就会看到两笔交易：交易1是小明妈妈给小明的交易，交易2是小明给翠花和二黑的交易。表C.1显示了交易1的数据结构。

表C.1 小明妈妈发送给小明的交易

交易类型：普通转账			交易编号 1
输入	输出		
Coinbase交易的哈希值 输出序号 解锁脚本	输出序号	输出数量	对象
	0	1	对小明的锁定脚本
	1	4	对小明妈妈的锁定脚本

表C.2显示了交易2的数据结构。

表C.2 小明发送给翠花和二黑的交易

交易类型：普通转账			交易编号 2
输入	输出		
交易1的哈希值 输出序号 解锁脚本	输出序号	输出数量	对象
	0	0.5	对翠花的锁定脚本
	1	0.3	对二黑的锁定脚本
	2	0.2	对小明的锁定脚本

这些交易的数据结构比第5章中所描述的更复杂，因为每笔输入和输出都附加了相应的脚本。另外，关于输出对象，表C.1和表C.2中的描述也和第5章中不一样。第5章中的描述是“某人”，而表C.1和表C.2中是“对某人的锁定脚本”，实际上在“对某人的锁定脚本”中，就包含了该人的公钥地址哈希值，从而对应到了这个接收者。上面两个交易中，通过小明解锁并使用小明妈妈给他的比特币的示例，来说明解锁脚本和锁定脚本的应用。

接下来讲解交易1的输出。交易1中序号为0的输出是把1个比特币发送给了小明，同时附加了一个锁定脚本，锁定脚本是用堆栈语言编写的，是一串指令码，如下所示。

```
OP_DUP
OP_HASH160
<PubKHash>
OP_EQUALCERIFY
OP_CHECKSIG
```

在这段锁定脚本中，以OP开头的是操作码，操作码会向堆栈中压入或者弹出一些数据，并执行某种操作。用“<>”括起来的是数据，脚本执行中遇到数据时，会把数据压入堆栈中。如上面脚本中，<PubKHash>就是一个数据，指的是“小明公钥的哈希值”，脚本执行时会把这个哈希值压入堆栈。

然后讲解交易2的输入。在交易2中，小明使用了小明妈妈送给他的1个比特币。在这个输入中，他需要指定这个输入的来源，其使用了三段参数来指定。

（1）交易1的哈希值：小明给出了交易1的哈希值，因此，其他验证者可以通过这个哈希值查找到交易1的数据。在交易1中小明妈妈发送给小明1个比特币。

（2）输出序号：这是指交易1中哪个输出是给小明比特币的。从表C.1中可以看到，输出序号为0的那一笔输出是发送给小明比特币的输出，而序号为1的输出是找零输出，把多余的比特币发送给了小明妈妈自己。

（3）解锁脚本：这是一个用堆栈语言编写的脚本，小明需要使用这个脚本来解锁交易1中序号为0的输出。解锁脚本描述如下。

<sig>

<PubK>

解锁脚本没有操作码，只有两个数据，<sig>是小明的签名，<PubK>是小明的公钥。“小明的签名”是指使用小明的私钥对当前整个交易的签名。其基本原理是对当前交易中的部分字段进行替换，随后再生成交易的哈希值，最后用私钥对交易哈希值进行签名。

当小明需要使用交易1中的UTXO时，只要使用解锁脚本就行了。其他节点会先执行解锁脚本，然后执行锁定脚本，如果最终执行结果为TRUE，则验证通过，小明可以使用这笔输出。表C.3演示解锁脚本和锁定脚本的完整执行过程，并给出在执行过程中堆栈值的变化，以便读者深入理解。

表C.3 脚本的验证过程

步骤	堆栈内数据
第一步：执行解锁脚本	
（1）将<sig>压入堆栈。小明的签名被压入堆栈	

续表

步骤	堆栈内数据
（2）将<PubK>压入堆栈。小明的公钥被压入堆栈	<PubK> <sig>
第二步：执行锁定脚本	
（3）执行OP_DUP。该操作复制堆栈顶部的数据，并将复制后的数据压入堆栈	<PubK> <PubK> <sig>
（4）执行OP_HASH160。该操作取出堆栈顶部数据，进行哈希操作:RIPEMD160（SHA256（PubK）），然后将哈希值压回堆栈。这一步实际上是利用小明的PubK求出了小明的公钥哈希值PubKHash	<PubKHash> <PubK> <sig>
（5）执行<PubKHash>。这是小明妈妈的锁定脚本中提供的小明公钥的哈希值。脚本遇到这个数值后，将它压入堆栈。显然这个PubKHash和上一步中计算出来的公钥哈希值PubKHash应该一致，这样才能说明小明确实有使用权	<PubKHash> <PubKHash> <PubK> <sig>

续表

步骤	堆栈内数据
（6）执行OP_EQUALCERIFY。这个操作比较栈顶的两个数据，如果这两个值一致，则把这两个值都从堆栈中删除，然后脚本继续往下执行	
（7）执行OP_CHECKSIG。这个操作检查小明的公钥（PubK）和小明的签名（sig）是否匹配，如果匹配，则删除这两个数据，并向堆栈中压入TRUE，表示检验通过